SE LIGA NA POLÍTICA

Editora sênior Georgina Palffy
Designer e ilustradora Kit Lane
Equipe editorial sênior Selina Wood, Camilla Hallinan, Hannah Dolan, Ann Baggaley
Design e ilustração adicional Guy Harvey
Pesquisa de imagens Sarah Hopper

Gerente editorial Francesca Baines
Gerente editorial de arte Philip Letsu
Publisher Andrew Macintyre
Diretora de arte Karen Self
Diretora de publicações associada Liz Wheeler
Diretor de publicações Jonathan Metcalf
Editor de produção Robert Dunn
Controladora de produção Jude Crozier

Designers de capa Akiko Kato, Tanya Mehrotra
Gerente de desenvolvimento de capa Sophia MTT
Artefinalista digital Rakesh Kumar
Coordenadora editorial de capa Priyanka Sharma
Gerente editorial de capa Saloni Singh

GLOBOLIVROS

Editor responsável Lucas de Sena Lima
Assistente editorial Renan Castro
Tradução Ana Rodrigues
Preparação de texto Andressa Bezerra
Revisão Fernanda Marão e Jaciara Lima
Consultoria Paulo César Gomes
Editoração eletrônica Equatorium Design

Editora Globo S.A.
Rua Marquês de Pombal, 25 — 20230-240
Rio de Janeiro — RJ — Brasil
www.globolivros.com.br

Texto fixado conforme as regras do Acordo Ortográfico da Língua Portuguesa (Decreto Legislativo nº 54, de 1995).

Publicado originalmente na Grã-Bretanha em 2017 por Dorling Kindersley Limited, 80 Strand London, WC2R 0RL. Parte da Penguin Random House.

Título original: *Heads Up Politics*

Copyright © Dorling Kindersley Limited, 2017

Copyright da tradução © Editora Globo S.A., 2020

CIP-BRASIL. CATALOGAÇÃO NA PUBLICAÇÃO
SINDICATO NACIONAL DOS EDITORES DE LIVROS, RJ

A176s

Adams, Simon, 1955-
 Se liga na política / Simon Adams ... [et al.] ; consultoria Paul Kelly ; tradução Ana Rodrigues. - 1. ed. - Rio de Janeiro : Globo Livros, 2020.
 160 p.

 Tradução de: Heads up politics
 Inclui índice
 ISBN 978658604721-9

 1. Ciência política. I. Kelly, Paul. II. Rodrigues, Ana. III. Título.

20-65823
CDD: 320
CDU: 32

Camila Donis Hartmann - Bibliotecária - CRB-7/647208/04/2019
06/08/2020 07/08/2020

1ª edição, 2020
Impressão e acabamento: Corprint

Todos os direitos reservados. Nenhuma parte desta edição pode ser utilizada ou reproduzida — em qualquer meio ou forma, seja mecânico ou eletrônico, fotocópia, gravação etc. — nem apropriada ou estocada em sistema de banco de dados sem a expressa autorização da editora.

FOR THE CURIOUS
www.dk.com

SE LIGA NA POLÍTICA

ESCRITO POR
SIMON ADAMS, ELIZABETH DOWSETT, SHEILA KANANI,
ANN KRAMER, TRACEY MULLINS, PHILIP PARKER, SALLY REGAN

CONSULTORIA DE
PROFESSOR PAUL KELLY

GLOBOLIVROS

06 APRESENTAÇÃO pelo professor Paul Kelly

08 O que é política?

10 Para que serve a política?

SUMÁRIO

TIPOS DE GOVERNO

14 Quem está no comando?

16 MONARQUIA é…

18 A Revolução Francesa

20 TEOCRACIA é…

22 A Revolução Iraniana

24 DITADURA é…

26 TOTALITARISMO é…

28 Poder em marcha

30 OLIGARQUIA é…

32 DEMOCRACIA é…

34 Nelson Mandela

36 ANARQUISMO é…

IDEOLOGIAS POLÍTICAS

40 Que ideia é essa?

42 SOCIALISMO é…

44 Karl Marx

46 COMUNISMO é…

48 Praça da Paz Celestial

50 LIBERALISMO é…

52 CAPITALISMO é…

54 Queda do Muro de Berlim

56 NEOLIBERALISMO é…

58 CONSERVADORISMO é…

60 FASCISMO é...

62 Ascensão de Hitler ao poder

64 POPULISMO é…

66 A eleição de Donald Trump

ESTADO E SOCIEDADE

70 Como a democracia funciona?

72 UMA CONSTITUIÇÃO é...

74 O nascimento da Constituição dos Estados Unidos

76 DIREITOS HUMANOS são...

78 O boicote aos ônibus de Montgomery

80 SEPARAÇÃO DE PODERES é...

82 DEBATE POLÍTICO é...

84 Uma ELEIÇÃO é...

86 Eleições na Índia

88 SUFRÁGIO é...

90 Mary Wollstonecraft

92 FEDERALISMO é...

94 UM GOLPE DE ESTADO é...

O POVO NO PODER

98 Como posso me envolver?

100 LIBERDADE DE EXPRESSÃO é...

102 A MÍDIA é...

104 ATIVISMO é...

106 Che Guevara

108 AMBIENTALISMO é...

110 Greve do clima

112 FEMINISMO é...

114 Voto para as mulheres

116 MULTICULTURALISMO é...

118 TERRORISMO é...

120 REVOLUÇÃO é...

122 A Primavera Árabe

RELAÇÕES INTERNACIONAIS

126 A política atravessa fronteiras?

128 IMPERIALISMO é...

130 Mahatma Gandhi

132 NACIONALISMO é...

134 Separatismo catalão

136 GEOPOLÍTICA é...

138 GUERRA é...

140 A Guerra do Iraque

142 GLOBALIZAÇÃO é...

144 Migração Rohingya

146 ORGANIZAÇÕES INTERNACIONAIS são...

148 Leitura adicional

152 Glossário

156 Índice e agradecimentos

POLÍTICA é...

Política é muito mais do que a forma como funcionam os governos, ou como um Estado é administrado – também diz respeito ao que nós, como indivíduos, acreditamos e com o tipo de sociedade na qual queremos viver.

A maioria de nós aprende sobre política antes de mais nada com a família e os amigos. Mais tarde, podemos ler ou ouvir sobre os últimos acontecimentos a respeito do tema tanto on-line quanto por meio das mídias de notícia tradicionais. Aulas sobre cidadania e educação cívica podem nos ajudar a compreender os problemas por trás das notícias, conforme nos preparamos para a vida adulta.

No entanto, a política envolve muito mais do que um conhecimento de fatos e eventos. Também tem a ver com as nossas crenças e valores, e como eles são representados por partidos políticos e grupos de pressão. Se você deseja mudar algo no mundo — seja lutando por uma causa local, como melhores faixas para ciclistas; ou envolvendo-se em uma questão global, como a desigualdade – está mostrando interesse em política.

Nossa formação, cultura e o lugar onde crescemos influenciam nas escolhas que fazemos e nos partidos em que votamos. Mas este não é o quadro geral. Algumas questões mais importantes da atualidade dividem os mais jovens e os mais velhos. Basta lembrar de Greta Thunberg, a estudante sueca que desafia os mais poderosos líderes mundiais porque a emergência climática irá dominar as vidas e o futuro das pessoas mais jovens. Os jovens tendem a ser menos nostálgicos em relação ao passado e também mais esperançosos em relação ao futuro. Por esse motivo, políticos de alguns países estão considerando diminuir a idade mínima para voto — por que jovens de dezesseis anos não deveriam ter sua voz levada em consideração?

Este livro vai ajudar você a entender seus próprios pontos de vista comparando-os com crenças políticas, ideias e tradições, além de lhe apresentar os principais personagens e pensadores políticos. Para defender seus valores ou transformar o mundo, é preciso compreender os sistemas políticos e a complexidade que está por trás das notícias ou das mídias sociais.

Espero que este livro não apenas informe, mas também desafie as suas ideias. Mais importante, espero que ajude você a levar a política a sério e a usar bem o seu voto.

Professor Paul Kelly
London School of Economics and Political Science (LSE)

O QUE É POLÍTICA?

O que é política?

Política não se resume apenas a debates no Parlamento ou ao que está acontecendo no noticiário da noite. Também diz respeito a como as decisões são tomadas em nossas vidas diárias.

Política se refere a como organizamos as sociedades, quais devem ser as regras e quem deve ter autoridade. Em um nível simples, é sobre como duas ou mais pessoas trabalham juntas, superam desacordos e tomam decisões. Isso pode envolver um grande grupo de pessoas, como um governo nacional, ou um grupo pequeno, como os seus amigos do futebol semanal. Há política nas atividades corriqueiras – no planejamento de um piquenique, por exemplo. Para que o piquenique corra bem, os participantes precisam concordar com os objetivos gerais e incluir o máximo de pessoas possível nas decisões. Também é útil escolher uma ou mais pessoas para gerenciar as escolhas, observar, as regras e mediar discussões. Caso contrário, o caos pode se instalar!

NÃO HÁ ESPAÇO PARA TODOS NO MICRO-ÔNIBUS. DIZEMOS ÀS PESSOAS QUE ELAS NÃO PODEM IR, OU CONSEGUIMOS OUTRO MICRO-ÔNIBUS?

COMO VAMOS DECIDIR QUEM CONVIDAR?

COMO DECIDIR QUE KIT DE PRIMEIROS SOCORROS LEVAR, E QUEM DEVE FICAR COM ELE?

DEVEMOS MESMO FAZER UM PIQUENIQUE, OU ALGUMA OUTRA COISA?

QUEM DEVE SE RESPONSABILIZAR POR RECOLHER DINHEIRO PARA O PIQUENIQUE?

ALGUMAS PESSOAS NÃO QUISERAM SE ENVOLVER NAS DECISÕES E AGORA ESTÃO RECLAMANDO. ISSO É JUSTO?

O QUE SERVIR AOS ALÉRGICOS?

Introdução

PARA QUE SERVE A POLÍTICA?

Para que serve a política?

As sociedades precisam de sistemas políticos para funcionar de forma eficaz. É preciso tomar decisões em relação a tudo, desde como cuidar dos idosos até como reduzir a criminalidade.

Permitimos que os governos tenham autoridade para tomar essas decisões. Como dividir os recursos da sociedade, entre fundos para a polícia ou para educação, por exemplo, é uma questão de política.

Se queremos melhores escolas e mais bibliotecas, podemos ter que pagar mais impostos para financiar isso ou se quisermos pagar menos impostos, talvez tenhamos que cortar alguns serviços. Algumas pessoas preferem um governo sem regulamentação excessiva – outras acolhem com prazer o envolvimento do Estado no gerenciamento da sociedade. Uma das tarefas mais importantes do governo é descobrir quais são as nossas prioridades e tentar atender às necessidades do maior número possível de pessoas sem ignorar as outras.

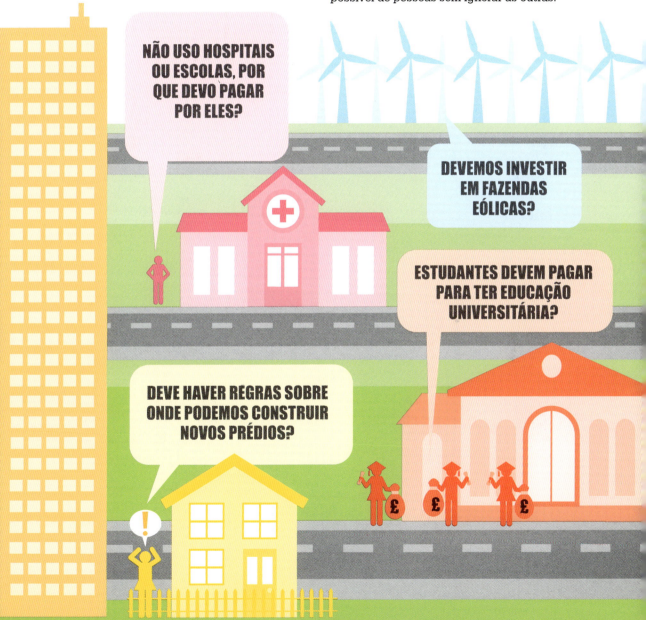

Tipos de GOVERNO

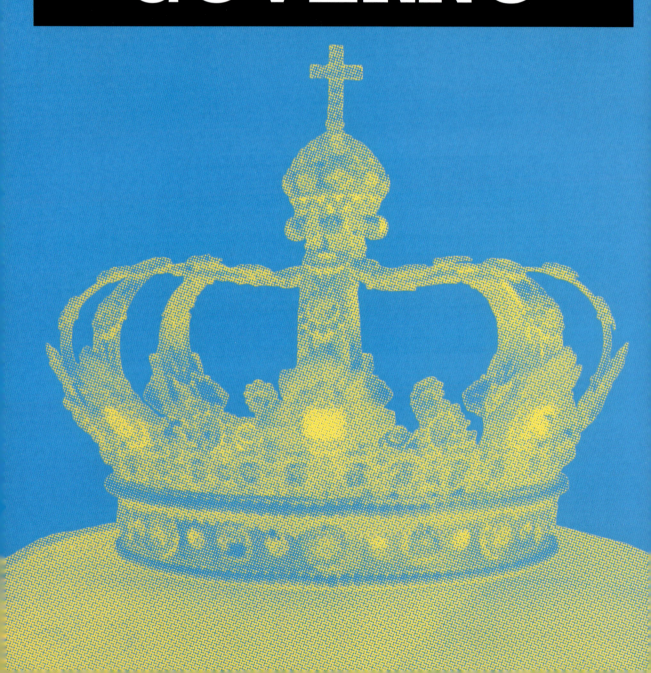

MONARQUIA é...

A Revolução Francesa

TEOCRACIA é...

A Revolução Iraniana

DITADURA é...

TOTALITARISMO é...

Poder em marcha

OLIGARQUIA é...

DEMOCRACIA é...

Nelson Mandela

ANARQUISMO é...

Tipos de governo

QUEM ESTÁ NO COMANDO?

AS PESSOAS DEVERIAM PODER VOTAR EM TODAS AS DECISÕES?

É MELHOR QUE UMA PESSOA FAÇA TODAS AS REGRAS?

ALGUNS SISTEMAS DE GOVERNO SÃO MELHORES DO QUE OUTROS?

ATÉ ONDE DEVE IR O CONTROLE DO ESTADO, À CUSTA DAS LIBERDADES INDIVIDUAIS?

REPRESENTANTES ELEITOS REALMENTE PODEM REFLETIR AS NOSSAS VISÕES?

Quem está no comando?

Todas as nações do mundo têm governos para decidir sobre assuntos como leis, impostos, segurança e serviços de bem-estar social. Mas há muitos tipos de governo e as pessoas têm opiniões diferentes sobre qual é o melhor.

Ao longo da história, sempre foi debatido se uma ou mais pessoas devem assumir o comando, sejam líderes tribais ou Parlamentos, ou se o próprio povo pode governar a si mesmo. Hoje existem três tipos principais de governo: o que é composto por uma pessoa só, que toma todas as decisões; governos em que pequenos grupos estão no comando; e democracias, nas quais os cidadãos de uma nação têm a oportunidade de escolher seus representantes. O tipo de governo faz uma grande diferença em quanta liberdade as pessoas de um país têm em sua vida. No entanto, muitas questões sobre as quais os governos decidem, como educação ou transporte, são similares.

A RELIGIÃO DEVE TER UM PAPEL NO GOVERNO?

QUANTO PODER OS MONARCAS TÊM?

OS MILITARES DEVEM GOVERNAR O PAÍS?

O PODER DEVE SER HEREDITÁRIO?

É JUSTO QUE AS ELITES RICAS DETENHAM O PODER?

É FÁCIL MUDAR UM SISTEMA DE GOVERNO?

AS REGRAS DEVEM SER ESCOLHIDAS PELO POVO?

> **"O soberano é para o povo o que a cabeça é para o corpo."**
> FREDERICO, O GRANDE (1712-1786)
> Rei da Prússia

MONARQUIA é...

UMA FORMA DE GOVERNO NA QUAL UMA ÚNICA PESSOA, ESCOLHIDA POR SUCESSÃO HEREDITÁRIA, CONCENTRA O PODER, NORMALMENTE POR TODA A VIDA

VEJA TAMBÉM:

→ **A Revolução Francesa**
páginas 18-19

→ **Teocracia**
páginas 20-21

→ **Oligarquia**
páginas 30-31

De todas as formas de organização de governo, a monarquia é a mais antiga. Existem registros de monarcas desde cerca de 3000 a.C. na Mesopotâmia e no Egito. Desde então, a monarquia sempre esteve presente em alguma parte do mundo, embora os monarcas sejam conhecidos por diferentes títulos, como faraós, reis, czares, imperadores, sultões ou xás.

REGRA HEREDITÁRIA

Monarcas costumam ser os únicos governantes do país, embora ocasionalmente haja monarquias partilhadas. Eles geralmente governam até morrer, embora isso nem sempre seja o caso: na Malásia, um novo rei é eleito a cada cinco anos. A maioria das monarquias é hereditária: o trono passa para um membro da família, normalmente o filho mais velho – embora em alguns países uma mulher possa se tornar rainha por direito próprio, não apenas se casando com um rei. No Reino Unido, por exemplo, a lei mudou em 2011 para que, caso o filho mais velho do monarca seja uma menina, ela possa sucedê-lo no trono.

LIMITES DE PODER

Na forma mais pura de monarquia, o monarca toma todas as decisões importantes, que devem ser obedecidas. Na prática, o nível de poder exercido por monarcas tem variado muito e eles nem sempre puderam fazer o que queriam. Imperadores romanos como Augustus (que governou de 27 a.C.-14 d.C.), deveriam consultar o Senado antes de tomar decisões importantes.

Mais tarde, as restrições aos reis se tornaram maiores. Na Inglaterra, o rei João (1199-1216) foi forçado por seus nobres, em 1215, a assinar a Magna Carta, um documento que impôs limites ao seu poder, proibindo-o, por exemplo, de prender arbitrariamente seus súditos. Alguns monarcas se opuseram a esse controle e, no século

XVII, surgiu uma nova ideia sobre a monarquia, o absolutismo. De acordo com ela, a autoridade dos monarcas derivava de Deus, o que era conhecido como o direito divino dos reis. Eles reivindicaram poder total (absoluto) e governavam sem nenhum controle legal. Alguns monarcas absolutos, como Luís XIV, da França, (1643-1715) usaram esse poder para tornar o governo mais eficiente, mas Carlos I, da Inglaterra, (1625-1649) tornou-se tão impopular que foi derrubado e executado, instituindo-se uma república. Sob essa forma de governo, o país era governado pelo Parlamento (um grupo de legisladores) e não por um único monarca hereditário.

MONARQUIA HOJE

A monarquia britânica foi restaurada em 1660, mas o republicanismo, a ideia de que as monarquias deveriam ser substituídas por governantes eleitos (ou presidentes), permaneceu forte. Isso levou a revoluções na América do Norte, em 1776, na França, em 1789, e em muitos outros países desde então. No entanto, hoje, cerca de um quinto de todos os países ainda tem um monarca, governando sob uma monarquia constitucional. Isso significa que os monarcas precisam governar dentro de uma estrutura legal (uma constituição) e devem respeitar os desejos de um Parlamento eleito. Sua área de alcance é muito limitada – por exemplo, o monarca britânico tem direito a opinar na nomeação do primeiro-ministro que irá chefiar o governo, mas na realidade quem escolhe o líder é o maior partido do Parlamento. Ainda há, no entanto, algumas monarquias absolutas como a de eSwatini (antiga Suazilândia) e da Arábia Saudita, onde o poder do rei é ilimitado.

No passado, pensadores da Grécia Antiga, como o filósofo Aristóteles (384-322 a.C.), defendiam que a monarquia era uma forma positiva de governo, no caso em que uma pessoa governa no interesse de muitos. Em oposição a isso, ele se referia a uma situação em que um monarca governava mal como "tirania". Algumas pessoas consideram que, embora os cidadãos não possam escolher o monarca, a monarquia ainda é um bom sistema. Como um chefe cerimonial do Estado, que não participa da política, o monarca pode ser um símbolo de unidade nacional e pode, na opinião de alguns, ser preferível a um presidente eleito.

A REVOLUÇÃO FRANCESA
1789–1799

No fim do século XVIII, a França explodiu em violência conforme a monarquia que durara séculos era varrida quase da noite para o dia e revolucionários assumiam o poder político.

Antes da Revolução na França, a monarquia e a aristocracia viviam no luxo e não pagavam impostos diretos, enquanto as pessoas comuns sujeitavam-se a impostos exorbitantes enquanto passavam fome por causa da escassez de comida. O estopim da crise aconteceu em 1789, quando o rei Luís XVI tentou aumentar ainda mais os impostos para pagar as enormes dívidas do país. O povo oprimido exigiu tratamento mais justo e formou uma Assembleia Nacional para representar as classes mais pobres.

Em 14 de julho de 1789, rumores de que o rei iria fechar a Assembleia detonaram tumultos em Paris. Uma multidão invadiu a prisão da Bastilha, odiado símbolo do poder real. No caos que se seguiu, a Assembleia assumiu o controle do governo, criando uma nova constituição.

Luis XVI e a rainha, Maria Antonieta, fugiram, mas foram capturados. Em 1792, a França foi declarada uma república e, em 1793, o rei e rainha foram mandados para a guilhotina. Muitos compartilharam seu destino. Em um período conhecido como o "Terror", sob a liderança radical de Maximilien de Robespierre, milhares de franceses foram executados como inimigos da Revolução. Em uma reação contra o regime que ele mesmo instaurou, Robespierre foi deposto e guilhotinado em 1794. Um governo mais moderado assumiu até Napoleão Bonaparte subir ao poder, em 1799.

Invadindo a Bastilha
Em 14 de julho de 1789, o povo parisiense atacou a prisão da Bastilha, libertou os prisioneiros e saqueou armas. A data é celebrada todo ano na França como o Dia da Bastilha.

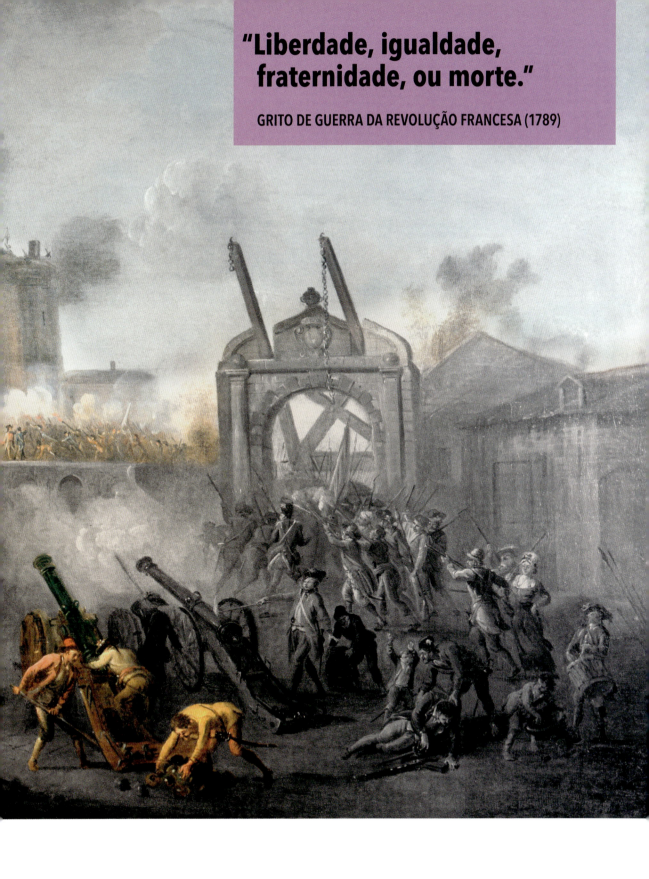

Tipos de governo

> "O ministério desse reino foi confiado não a reis terrenos, mas a sacerdotes."
> **TOMÁS DE AQUINO (1225-1274)**
> Filósofo e sacerdote italiano

TEOCRACIA é...

UM SISTEMA POLÍTICO NO QUAL DEUS, OU UM CONJUNTO DE DEUSES, CONCENTRAM A AUTORIDADE POLÍTICA

VEJA TAMBÉM:

Monarquia
páginas 16-17

A Revolução Iraniana
páginas 22-23

Em uma teocracia, um governante pode reivindicar ter sido escolhido por Deus, ou um grupo de líderes pode governar segundo leis ou costumes religiosos. Seja como for, os governantes teocráticos acreditam que o direito deles de governar é inspirado por Deus (ou por um conjunto de deuses), e esse direito não pode ser alterado pelos processos usuais da política, como os votos democráticos.

DIREITO DIVINO

Governar em nome de um deus tem sido usado como justificativa para o poder de diferentes maneiras. Nos séculos XVII e XVIII, reis da Europa alegavam que seu direito de governar era divino, o que significava que eles não tinham que pedir permissão ao Parlamento para agir e que não precisavam obedecer à lei. Na China, foi concedido aos imperadores um "mandato celestial" que dava a eles o direito de governar. Contudo, se um imperador governasse injustamente, seu mandato era retirado, o que dava às pessoas o direito de se rebelar contra ele.

Os primeiros governantes do mundo muçulmano eram vistos como sucessores (ou "califas") do profeta Maomé, embora discussões sobre sucessão tenham levado a profundas divisões entre muçulmanos sunitas – que acreditavam que o califa deveria ser escolhido pela comunidade – e muçulmanos xiitas, que achavam que o poder deveria ser passado aos descendentes de Ali, genro do profeta. Com o tempo, os xiitas desenvolveram uma hierarquia religiosa capaz de fazer julgamentos baseados em leis religiosas.

REGRA TEOCRÁTICA

A natureza das teocracias pode variar muito, mas a maioria tem líderes que governam de acordo com as leis estabelecidas em livros religiosos, como a Torá, a Bíblia ou o Alcorão. O Irã tem um Parlamento, mas as leis que ele aprova devem ser coerentes com o Alcorão, e o Líder Supremo (o chefe de Estado, que é uma figura religiosa) pode vetar qualquer lei com a qual ele não concorde. Em outros casos, as ações do governante são guiadas por figuras religiosas, mesmo que o país não seja uma teocracia. Em Mianmar, a reação do governo aos ataques à comunidade Rohingya, uma minoria muçulmana, tem sido afetada pelas opiniões dos monges budistas.

SECULARISMO

Durante o Iluminismo (um movimento intelectual na Europa do século XVIII), surgiu o apelo ao secularismo, pedindo que a religião fosse retirada da arena política. Essa ideia mais tarde foi consagrada na Constituição dos Estados Unidos, que proíbe o governo de favorecer uma única religião "estabelecida". Na constituição secular da França, símbolos religiosos são proibidos em escolas. Essa separação entre a igreja e o Estado é vista como fundamental nas democracias modernas. No entanto, o secularismo também tem sido usado como um meio de atacar religiões não cristãs. Em 2011, a França proibiu véus de rosto inteiro (que algumas interpretações do islamismo exigem que as mulheres usem) em espaços públicos, citando o secularismo.

RETORNO À RELIGIÃO

A maioria das religiões deu origem a teocracias, desde os reis judeus da antiga Israel até os papas cristãos da Europa medieval. Muitas teocracias estão hoje limitadas à história, mas algumas ainda existem. O Vaticano é uma teocracia cristã moderna, com o papa como chefe de Estado. A única verdadeira teocracia islâmica hoje é o Irã xiita, onde o líder supremo e uma classe de clérigos detêm o poder, atuando como guardiões da lei religiosa. Por outro lado, a Arábia Saudita sunita oferece privilégio de Estado ao Islã e a sharia (a lei islâmica), mas é governada por um rei.

Em alguns países, há apelos para que o papel da religião no Estado seja restaurado. Na Rússia, a Igreja Ortodoxa (a religião oficial do Estado) se tornou importante nos assuntos de governo. Existem movimentos nos Estados Unidos para que pontos de vista religiosos sejam levados em consideração em questões legais como o aborto. No Brasil, a presença de partidos políticos evangélicos no Parlamento nunca foi tão forte como após as eleições de 2018.

A REVOLUÇÃO IRANIANA
1978–1979

A revolução contra o Irã autocrático e a monarquia pró-ocidental em 1979 levou à criação da República Islâmica do Irã. O país tornou-se uma teocracia estrita sob a regra clerical.

O Irã, o descendente moderno da antiga civilização da Pérsia, tinha uma longa história de domínio por reis. No fim da década de 1970, a monarquia do xá Mohammad Reza Pahlavi – visto por muitos como um fantoche dos Estados Unidos – era opressora e corrupta. A oposição ao regime cresceu entre uma ampla faixa de nacionalistas liberais de esquerda e entre grupos islâmicos, assim como estudantes e muitas mulheres, até que greves e manifestações forçaram o xá a fugir para os Estados Unidos em janeiro de 1979.

O aiatolá Khomeini, uma autoridade religiosa xiita, retornou do exílio e assumiu o controle. A monarquia foi abolida e, em seu lugar, o povo aprovou, por meio de um referendo, a criação de uma República Islâmica. Khomeini reescreveu a constituição segundo o modelo islâmico e se tornou Líder Supremo por toda a vida. Ele morreu em 1989, mas o Irã ainda é governado por uma mistura única de clérigos e políticos eleitos – embora sejam os líderes religiosos não eleitos que detêm o poder. O comportamento "não islâmico" é punido.

Ao contrário do xá, Khomeini era hostil ao ocidente. Ele viu a Revolução como uma oportunidade de restaurar a independência religiosa e cultural do Irã, após gerações de interferência. As tensões entre o Irã e a comunidade internacional – principalmente os Estados Unidos e Israel – continuam até hoje.

Unindo os dissidentes
O aiatolá Khomeini se dirige à multidão na Universidade de Teerã, em fevereiro de 1979, depois de retornar de catorze anos no exílio. Alguns iranianos o viam como uma figura divina.

"Nem Ocidente, nem Oriente – mas a República Islâmica!"

SLOGAN DA REVOLUÇÃO ISLÂMICA

Tipos de governo

> "Não se estabelece uma ditadura com o objetivo de salvaguardar uma revolução; faz-se a revolução para estabelecer a ditadura."
>
> GEORGE ORWELL (1903–1950)
> Escritor e jornalista britânico, trecho de seu romance *1984*

DITADURA é...

UM SISTEMA POLÍTICO NO QUAL UMA PESSOA DETÉM TODO O PODER SOBRE O GOVERNO E NÃO PRECISA DO CONSENTIMENTO DO POVO

VEJA TAMBÉM:
→ **Totalitarismo** páginas 26-27
→ **Fascismo** páginas 60-61
→ **Revolução** páginas 120-121

Um estilo autoritário de governo, uma ditadura é formada quando o poder político de um país é controlado por apenas uma pessoa: seu líder ou ditador. Em uma ditadura, não é tolerada qualquer forma de oposição política, e o povo não tem o poder de substituir o ditador.

TOMANDO O PODER

Os ditadores originais governaram na antiga República Romana (509 a.C.-27 a.C.). Eles eram nomeados em caso de emergência e esperava-se que renunciassem quando a emergência acabasse. A maioria dos ditadores na história recente também chegou ao poder em um momento de crise, quando um sistema político falhou ou como consequência de uma revolução. Muitos ditadores são militares, o que significa que foram originários das fileiras das forças armadas e que continuaram a governar com seu apoio. A ditadura do coronel Muammar al-Gaddafi, na Líbia, por exemplo, começou em 1969, quando julgou-se que a monarquia falhara em resolver os problemas sociais e econômicos do país.

PERMANECENDO NO PODER

Como seus antigos pares, os ditadores modernos podem dizer que vão governar por um tempo limitado, e alguns realmente se afastam quando o período inicial de crise termina, devolvendo o país ao domínio democrático. Na Espanha, Francisco Franco governou como ditador de 1939 até sua morte em 1975. Esperava-se que seu sucessor, o rei Juan Carlos I, governasse como ditador, mas ele desmantelou gradualmente o regime de Franco e restabeleceu a democracia.

O mais frequente é que os ditadores permaneçam no poder até morrerem ou serem substituídos à força. Alguns ditadores, como Robert Mugabe, do Zimbábue, foram forçados a renunciar por protestos públicos ou são derrubados por outro golpe militar. Os mais poderosos começam verdadeiras dinastias, passando o poder para os filhos. Na Coreia do Norte, três gerações da família Kim governam desde 1948.

IDEOLOGIAS OPRESSORAS

Certas ideologias políticas tornaram-se estreitamente associadas à ditadura. O fascismo, uma ideologia extrema, que acredita na autoridade de um líder único e promove o nacionalismo extremo, é particularmente propenso a isso. No outro extremo, um governo comunista acredita que ele deve ser a única autoridade política, uma ideia que pode levar o líder do partido a se tornar um ditador.

GOVERNANDO

Embora o poder esteja apenas com uma pessoa em uma ditadura, o sistema de governo pode ter a aparência de uma democracia. Pode haver até eleições parlamentares; mas, em uma democracia, o poder flui a partir da vontade do povo em direção aos seus eleitos representantes, que o implementam. Porém, em uma ditadura, nem o povo nem o Parlamento tem poder. O ditador diz ao Parlamento o que fazer e opor-se às ordens pode levar à detenção, prisão ou execução. Nas eleições, o partido do governo ou de seus aliados sempre vence.

Ditadores podem executar políticas capazes de garantir crescimento econômico ou estabilidade política, e podem investir em benefícios sociais, como educação. Estes são conhecidos como ditadores benevolentes.

Mesmo nesse caso, a oposição não é tolerada e as pessoas não podem substituir o ditador. No Brasil, de 1964 a 1985, não houve apenas um ditador, mas cinco. A alternância de governantes visava a dar uma aparência de democracia; no entanto, o poder Executivo cerceava os demais poderes, de modo que a oposição institucional ficasse sob controle.

DITADURAS HOJE

Hoje, cerca de cinquenta países são considerados ditaduras ou regimes autoritários (em que o poder autocrático é espalhado entre mais de uma pessoa). Alguns, como a Venezuela, recuaram da democracia à ditadura. Líderes de outros países, como o presidente Tayyip Erdogan da Turquia, não são ditadores, mas mostram fortes tendências autoritárias.

Tipos de governo

> "O totalitarismo apela para questões emocionais muito perigosas de pessoas que vivem em completo isolamento e temem umas às outras."
> HANNAH ARENDT (1906-1975)
> Teórica política germano-americana

TOTALITARISMO é...

UMA FORMA DE GOVERNO EXTREMAMENTE AUTORITÁRIA, QUE EXERCE CONTROLE TOTAL SOBRE TODOS OS ASPECTOS DA VIDA PÚBLICA E PRIVADA

Veja também:

← **Ditadura**
páginas 24-25

→ **Poder em marcha**
páginas 28-29

→ **Fascismo**
páginas 60-61

A maior parte de nós tem controle sobre nossa própria vida: como nos comportamos, o que pensamos e o que fazemos. Em uma sociedade totalitária, as pessoas não têm esse tipo de liberdade. O Estado controla todos os aspectos de sua vida.

CONTROLE TOTAL

Em um Estado autoritário, o poder político fica nas mãos de uma autoridade central à custa da liberdade individual e da democracia. A autoridade espera e exige obediência de seus cidadãos. O totalitarismo leva isso mais longe. Como o próprio nome sugere, um sistema totalitário é aquele em que um Estado tem controle total ou absoluto sobre todos os aspectos da sociedade e sobre seus cidadãos. Isso inclui controle sobre a lei, a economia, a educação, a cultura e até o comportamento. Os cidadãos não têm direitos ou liberdade de expressão, em questões políticas ou quaisquer outras. A autoridade do Estado é absoluta e o controle é mantido através da força física, da intimidação, da manipulação do pensamento e da vigilância em massa. Não é permitido que haja oposição. Na Coreia do Norte hoje, por exemplo, o líder supremo Kim Jong-un controla com mão de ferro todos os aspectos da vida no país.

IDEOLOGIAS PODEROSAS

Muitas sociedades foram ditaduras no passado, mas o conceito de totalitarismo é relativamente recente. Ele emergiu do caos da Primeira Guerra Mundial (1914–1918) e a palavra foi usada pela primeira vez na década de 1920 para descrever o regime fascista de Benito Mussolini na Itália. Mussolini acabou com qualquer oposição política com o uso da força e procurou formar um Estado totalitário. A palavra também foi usada para descrever a Alemanha nazista sob o governo fascista de Adolf Hitler, bem como a União

Soviética da época do líder comunista Joseph Stalin – dois regimes totalitários em extremos opostos do espectro político.

A definição do conceito se deve em grande parte ao trabalho da teórica política Hannah Arendt, que escreveu extensivamente sobre o assunto. Ao analisar esses regimes, Arendt destacou que a capacidade de exercer controle total veio não apenas da força, mas também do poder de suas ideologias – representadas na Alemanha nazista pelo conflito racial e na União Soviética pela luta de classes –, que legitimavam seu controle total. O povo aceitava as ideologias dos regimes como forma de resolver os problemas em suas sociedades.

REPRESSÃO POLÍTICA

Um Estado totalitário é liderado por um ditador poderoso, pela elite dominante ou por um líder militar. Não há eleições, ou elas são cuidadosamente manipuladas. O Estado exerce seu poder através de vários meios, incluindo o uso do terror – a polícia secreta usa tortura e outras formas de punição. Qualquer protesto político ou desafio ao Estado é contido com severidade máxima. A Coreia do Norte, governada já por três gerações da dinastia Kim, é a única nação verdadeiramente totalitária do mundo hoje. Seu principal partido político, o Partido dos Trabalhadores da Coreia, não permite que nenhum aspecto da sociedade esteja livre do controle estatal.

CONTROLE DE PENSAMENTO

Um Estado totalitário pode manipular seus cidadãos e tentar controlar as atitudes e pensamentos do povo. Não existe liberdade de expressão e a imprensa não é livre para expressar opiniões. Em vez disso, o regime controla toda a mídia e faz uso dela para transmitir apenas os objetivos e crenças do Estado. A propaganda também é usada para influenciar a opinião do povo de acordo com a ideologia. A população vive sob vigilância constante e está ciente de ser vigiada, o que força as pessoas a obedecerem e as mantêm em um tal estado de medo que não lhes resta opção que não acatar o regime. O totalitarismo também pode incentivar os cidadãos a traírem outros, suspeitos de dissidência. Em 1949, o romancista britânico George Orwell publicou *1984*, um romance que prevê um Estado totalitário futurístico aterrorizante. O ano de 1984 veio e se foi – mas as condições para o totalitarismo ainda existem.

"O poder militar de um país representa sua força nacional."

KIM JONG-UN (1983-)
Líder supremo da Coreia do Norte

PODER EM MARCHA

A República Popular Democrática da Coreia é o regime mais autocrático do mundo, ocupando o último lugar entre 167 países em uma avaliação de democracia. O Estado totalitário exibe seu poder ao mundo por meio de demonstrações de força militar.

Mais conhecido como Coreia do Norte, o país foi fundado na ideologia comunista. Depois da Segunda Guerra Mundial (1939–1945), a União Soviética assumiu o controle do norte da Península da Coreia, enquanto os Estados Unidos controlavam o sul. As tropas soviéticas se retiraram da Coreia do Norte em 1948, deixando-a nas mãos do Partido dos Trabalhadores e de seu líder, Kim Il-sung. Kim Il-sung estabeleceu um culto à personalidade ao redor de si mesmo como Grande Líder e consolidou esse culto eliminando os partidos oficiais. Seu filho, Kim Jong-il, o sucedeu e, em 2011, seu neto, Kim Jong-un, assumiu o poder.

Hoje, a Coreia do Norte é o único Estado do mundo totalitário de fato. A vida do povo é controlada com rigidez e o país é praticamente fechado ao mundo exterior. Toda a mídia serve à ideologia do regime, a *Juche* ("autossuficiência"), baseada no nacionalismo e no socialismo. Críticas podem levar à prisão e aos trabalhos forçados. Isolado desde a queda da União Soviética, em 1991, o regime usou muito de seus recursos limitados no desenvolvimento de armas nucleares, a fim de demonstrar sua força e unidade. Em resposta, as Nações Unidas impuseram sanções. Até as relações com a China – país vizinho e aliado mais próximo da Coreia do Norte – ficaram tensas. Em 2018, Donald Trump foi o primeiro presidente dos Estados Unidos a se encontrar com um líder norte-coreano – mas, nos meses seguintes, as negociações fracassaram.

Demonstração de ordem
Soldados marcham em parada militar coreografada, para marcar o septuagésimo aniversário do Partido dos Trabalhadores no poder, em Pyongyang, na Coreia do Norte, 2015.

Tipos de governo

> "Aqueles a quem desagrada uma aristocracia, chamam-lhe oligarquia."
>
> THOMAS HOBBES (1588–1679)
> Filósofo político britânico

OLIGARQUIA é...

O GOVERNO DE UNS POUCOS PRIVILEGIADOS, QUE NORMALMENTE USAM SEU PODER EM INTERESSE PRÓPRIO E NÃO NO DA SOCIEDADE

VEJA TAMBÉM:

← **Monarquia**
páginas 16-17

→ **Democracia**
páginas 32-33

→ **Comunismo**
páginas 46-47

Pequenos grupos de governantes que controlam o equilíbrio da riqueza e do poder em uma sociedade são chamados de oligarquias. O governo desses grupos de elite é semelhante ao de uma monarquia absoluta, embora o poder seja espalhado entre vários indivíduos em vez de mantido por apenas uma pessoa.

As oligarquias foram uma das formas mais comuns de governo nas cidades-Estado da Grécia antiga. O filósofo grego Aristóteles – o primeiro a descrever as oligarquias, no século IV a.C. – considerava que elas governavam levando em conta os próprios interesses, enquanto as elites que governavam em função do interesse da sociedade eram chamadas de aristocracias de um modo geral.

No entanto, a distinção nem sempre foi tão clara. Na Veneza medieval, uma oligarquia de comerciantes se formou sob o comando do doge, o cargo oficial mais alto do governo. Como os comerciantes haviam tornado a cidade rica para todos, eles acharam que deveriam controlá-la. Na Grã-Bretanha, até o século XIX, a maioria dos políticos era originária de um pequeno número de famílias ricas e influentes. Eles pensavam em si mesmos como uma aristocracia, governando pelo bem de todos, embora a maior parte das pessoas pobres a quem era negado um padrão de vida decente talvez não concordasse.

DINHEIRO E CONEXÕES

Conexões familiares frequentemente determinam quem pertence a uma oligarquia. Os governos passam o controle adiante para a próxima geração, e quem é de fora tem poucas chances de entrar no círculo privilegiado. Isto é o que entendemos hoje como aristocracia. Apesar de já ter sido comum no passado, especialmente na Europa, onde as classes altas monopolizaram o poder por séculos, a influência aristocrática é mais rara atualmente. Contudo, mesmo em uma democracia plena, pequenos grupos familiares podem dominar a presença nas lideranças políticas. A riqueza pode ser suficiente para entregar a recém-chegados parte do poder. Após a queda da União Soviética, em 1991, uma classe de "oligarcas" surgiu na Rússia, e seu controle da riqueza lhes garantia voz dominante na política governamental. Esse tipo de sistema também é conhecido como plutocracia e pode ser encontrado onde quer que os que têm dinheiro exerçam uma influência indevida no governo. A forma de oligarquia com maior probabilidade de beneficiar a sociedade é a meritocracia, ou seja, o governo selecionado pela habilidade. Um exemplo é a burocracia confucionista chinesa, que governou a China imperial por mais de mil anos, até o início do século xx. Como a subida ao poder era através de provas de seleção, apenas os mais bem qualificados tinham chance de sucesso.

QUEM LIDERA UMA OLIGARQUIA?

Nas oligarquias modernas, pode haver um presidente ou primeiro-ministro, mas as ações dessa pessoa são ditadas pelo grupo, para atender aos seus próprios interesses. Às vezes, o chefe de governo também é um oligarca. Em outros casos, como na Rússia, líderes políticos devem levar em conta interesses de grupos que competem por uma parte do poder, incluindo os militares e os serviços de inteligência. Em algumas oligarquias, os membros podem adotar rótulos políticos, como socialista, liberal ou conservador, mas isso é apenas para sua própria conveniência. Quando os regimes comunistas caíram na Europa Oriental depois de 1989, oligarcas que haviam ocupado o poder no Partido Comunista simplesmente transferiram seu papel para um novo partido político.

QUEM SE BENEFICIA?

Por definição, uma oligarquia governa em interesse próprio. No entanto, as oligarquias querem poder em longo prazo, por isso precisam que as sociedades que governam permaneçam estáveis e prósperas. Com isso em mente, podem ser feitas concessões a quem não é parte da elite, ou as oligarquias podem garantir entrada a outros no grupo como um meio de reduzir a oposição. Elas também podem promover políticas que conduzam ao crescimento. No entanto, pessoas de fora que tentam tirar o poder da oligarquia sofrem forte oposição.

Tipos de governo

> "Governo do povo, pelo povo, para o povo."
> ABRAHAM LINCOLN (1809–1865)
> 16º presidente dos Estados Unidos

DEMOCRACIA é...

O GOVERNO PELO POVO, SEJA DIRETAMENTE, OU ATRAVÉS DE REPRESENTANTES ELEITOS, QUE GOVERNAM EM BENEFÍCIO DO POVO

Veja também:

→ **Uma constituição**
páginas 72-73

→ **Sufrágio**
páginas 88-89

→ **Uma eleição**
páginas 84-85

Uma democracia é um sistema de governo que dá ao povo o poder de escolher quem ele quer que o lidere e governe o país. O termo "democracia" vem de duas palavras gregas: *demos* (povo) e *kratia* (poder ou regra), e foi em Atenas, na Grécia antiga, que se desenvolveu a forma mais antiga de democracia, no século VI a.C.

TIPOS DE DEMOCRACIA

Quase todos os países hoje são democracias, mas não são democracias iguais. Os primeiros exemplos, como em Atenas, foram democracias diretas. O povo comparecia a debates, conhecidos como assembleias, e votavam nas questões do dia.

Com o crescimento dos países e suas populações, se tornou impraticável reunir todos para votar pessoalmente, em um único lugar, sobre todas as questões. Assim se desenvolveu a democracia representativa, que agora é a norma. Em uma democracia representativa, as pessoas votam nos representantes que tomarão as decisões em benefício do povo por um tempo fixo, ou mandato, em uma assembleia ou Parlamento.

Hoje, a democracia direta acontece nos referendos – quando um governo pede a seus cidadãos que votem em uma questão específica. Alguns países fazem isso apenas uma ou duas vezes em uma geração, abordando questões de importância histórica, como a votação do "Brexit", no Reino Unido, em 2016, para decidir se o país deveria sair da União Europeia. O Brasil, ao longo de sua história republicana, fez apenas dois referendos, porém apenas um teve abrangência nacional. Em 2005, a população foi às urnas para decidir sobre a comercialização de armas de fogo.

DEMOCRACIA IMPERFEITA

Um governo democrático só tem autoridade se obtiver o consentimento do povo, através de eleições de algum tipo. Mas o que exatamente "o povo" significa? Na Atenas antiga, apenas cidadãos livres, com mais de vinte anos, cujo pai e a mãe fossem atenienses eram autorizados a votar – mulheres, escravos e estrangeiros que viviam em Atenas eram excluídos, apesar de constituírem de 80% a 90% da população. A democracia moderna se assenta na ideia do "sufrágio universal", onde todo cidadão tem direito a voto,

independentemente de seu gênero, raça, riqueza ou condição social. Na realidade, no entanto, algumas democracias ficam aquém desse ideal, limitando quem pode se candidatar a eleições e quem pode votar, ou manipulando como os votos são contados.

Mesmo uma democracia em pleno funcionamento não é perfeita. Toda eleição tem vencedores e perdedores, e pessoas que votaram no lado perdedor podem achar que estão sendo ignoradas. O filósofo grego Aristóteles (384-322 a.C.) afirmava que, em um país onde os pobres superavam em número a elite rica e instruída, a democracia poderia degenerar em um governo das classes inferiores, ou "governo do populacho". Em vez disso, Aristóteles defendia um governo por um monarca único e sábio.

Alguns também temem que a democracia promova o "curto prazismo" – caso as eleições sejam realizadas a cada quatro ou cinco anos, os políticos podem tomar decisões populares para garantir a reeleição, mas essas decisões podem não ser boas para o país em longo prazo. No entanto, geralmente se concorda que dividir o poder entre o povo e limitar o mandato do líder não apenas é justo como também reduz o risco de que uma única pessoa tome decisões ruins.

LIBERDADES DEMOCRÁTICAS

A democracia moderna só pode funcionar se as pessoas forem livres para fazer uma escolha bem-informada nas eleições. Hoje, os governos têm mais poder do que nunca para controlar as informações que as pessoas recebem através da internet e das mídias sociais. Um sistema jurídico seguro e uma imprensa livre, na qual questões possam ser debatidas, são vitais para um bom funcionamento da sociedade democrática.

Nelson Mandela
1918–2013

O ativista e político Nelson Mandela lutou pelos direitos civis do povo da África do Sul. Ao desafiar o sistema de apartheid de seu país, uma divisão racial que discriminava pessoas não brancas, ele pôs fim à segregação. Mandela inaugurou uma nova era da democracia que deu a todo cidadão o direito de votar, independentemente da cor da pele.

> "Os verdadeiros líderes devem estar dispostos a sacrificar tudo pela liberdade de seu povo."

Início do ativismo

Nascido na África do Sul em 1918, Mandela foi o primeiro de sua família a frequentar a escola. Mais tarde, ele foi para a universidade, em Joanesburgo, estudar direito. Foi lá que Mandela conheceu ativistas que faziam parte do Congresso Nacional Africano (ANC), um grupo político que luta pelos direitos dos negros africanos. Mandela se tornou líder da Liga da Juventude da ANC, em 1944.

Combatendo o apartheid

Em 1952, Mandela liderou os protestos não violentos contra as "leis do passe", que forçava cidadãos não brancos a andarem com passes em lugares públicos "só para brancos". Isso fazia parte do sistema brutal de apartheid ("separação"), da África do Sul, introduzido pelo Partido Nacional, que ocupava o governo em 1948. O apartheid forçou pessoas brancas e não brancas a viverem em áreas separadas e a usar diferentes instalações públicas. Aos não brancos também era negado o direito ao voto. Ao ver que protestos não violentos não eram suficientes, Mandela ajudou a fundar a Umkhonto we Sizwe ("Lança da Nação"), a ala militar do ANC. Em 1964, ele foi julgado como terrorista e condenado à prisão perpétua.

Líder democrático

Os 27 anos de Mandela atrás das grades, fizeram dele um símbolo global da luta pela igualdade racial e seu nome se tornou um grito de guerra para os negros sul-africanos. Em 1989, em meio a pressão internacional, o governo da África do Sul iniciou negociações com Mandela e ele foi libertado em 1990. Eleito presidente do ANC, ele trabalhou com o governo na direção de uma democracia não racial. Em 1994, na primeira eleição na África do Sul em que todas as raças votaram, o ANC venceu e Mandela se tornou o primeiro presidente negro do país.

Unidade racial

Quando a África do Sul sediou a Copa do Mundo de Rúgbi, em 1995, Mandela pediu que todas as raças apoiassem o time nacional, o Springboks. Ele apertou a mão do capitão para mostrar unidade racial. Um boicote internacional dos times só de brancos ajudou a acabar com o sistema de apartheid.

Defensor da paz

Mandela recebeu o prêmio Nobel da Paz em 1993 por seu trabalho na África do Sul. Ele se aposentou como presidente do país em 1999, mas continuou a lutar pela paz e pela justiça social em todo o mundo.

Tipos de governo

> "Anarquismo é o grande libertador do homem frente aos fantasmas que o mantêm preso."
> EMMA GOLDMAN (1869–1940)
> Ativista política e anarquista lituana-americana

ANARQUISMO é...

A IDEOLOGIA NA QUAL O GOVERNO EM SI É ERRADO, E EM QUE A SOCIEDADE ESTARIA MELHOR SE ELE FOSSE ABOLIDO INTEIRAMENTE OU EM PARTE

Veja também:

Ambientalismo
páginas 108-109

Terrorismo
páginas 118-119

Revolução
páginas 120-121

Os anarquistas acreditam que é possível ter uma sociedade em que as regras não são impostas de cima e que a forma como a sociedade se organiza pode vir voluntariamente do povo. Anarquismo não é o mesmo que anarquia, que é o que acontece quando o respeito pelas regras e pela ordem é completamente eliminado. Assim, enquanto a anarquia pode ocorrer quando as pessoas se levantam contra o poder do Estado, anarquistas acreditam que – uma vez que o poder do Estado tenha sido abolido – o povo será capaz de cooperar para tornar a vida mais justa e mais igual sem o controle do Estado.

ANTIAUTORIDADE

A maioria dos anarquistas acredita que o povo é essencialmente bom, e que o Estado o corrompeu ao longo do tempo. Eles veem o governo como inerentemente errado porque organiza a sociedade para atender aos interesses de um pequeno número de pessoas. Muitos anarquistas também acreditam que o povo é capaz de trabalhar junto, voluntariamente, para produzir o que precisa, e que pequenos grupos, como comunas, são a melhor maneira de organizar a sociedade, capacitando indivíduos para formar suas próprias redes. Eles geralmente rejeitam o modo como as sociedades capitalistas se desenvolveram, então anarquistas com frequência são politicamente de esquerda. No entanto, sua desconfiança em relação ao Estado, bem como a rejeição a impostos ou ao controle sobre os direitos do indivíduo – como o direito de portar armas –, mostra que existem anarquistas de direita também. Estes incluem grupos de milícias nos Estados Unidos.

DESTRUIR O ESTADO

O principal objetivo político dos anarquistas é destruir o Estado. Durante a Revolução Russa em 1917, algumas pessoas acreditavam que estavam alcançando isso e que o Estado, como disse o teórico político alemão Friedrich Engels, simplesmente "murcharia". Embora a revolução tenha produzido mudanças radicais na estrutura da sociedade russa, um novo tipo de governo acabou substituindo o antigo. O paradoxo do anarquismo é que a oposição a qualquer forma de Estado coloca o poder além de seu alcance. Na Espanha, ideias anarquistas tomaram conta de muitas partes da sociedade nos anos anteriores à Guerra Civil Espanhola (1936-1939). Surgiram pequenos grupos anarquistas no campo, propondo comunidades camponesas, enquanto outros defendiam a "propaganda pela ação" – atos locais de revolta. Os trabalhadores adotaram uma variante do anarquismo chamada "anarcossindicalismo", que visava a destruir o capitalismo por meio do poder da classe trabalhadora. No Brasil, a ideologia anarquista ganhou muita força no movimento operário no início do séc. XX, pautando o chamado "sindicalismo revolucionário", que entrou em crise com a fundação do Partido Comunista Brasileiro, em 1922, e com a chegada de Getúlio Vargas ao poder, em 1930.

EM AÇÃO

Embora os anarquistas tendam a rejeitar o Estado, a menos que sejam totalmente autossuficientes, não podem operar sem ele. Existem, no entanto, exemplos de redes anarquistas e comunidades que funcionam bem em uma escala menor. Um exemplo é o movimento kibutz em Israel, onde todos os residentes trabalham juntos e contribuem para a comuna. As ideias anarquistas também foram adotadas por outras causas, como os protestos dos estudantes na década de 1960, o movimento progressista antiglobalização Ocuppy, no início de 2010 e, mais recentemente, o movimento ambiental Extinction Rebellion. Anarquistas também destacam as redes de ajuda informal que surgem para garantir recursos essenciais após desastres, como no caso do furacão Katrina (que atingiu Nova Orleans, nos Estados Unidos, em 2005), como um sinal de que o que eles propõem é uma forma mais natural de sociedade.

Ideologias POLÍTICAS

SOCIALISMO é...

Karl Marx

COMUNISMO é...

Praça da Paz Celestial

LIBERALISMO é...

CAPITALISMO é...

Queda do Muro de Berlim

NEOLIBERALISMO é...

CONSERVADORISMO é...

FASCISMO é...

Ascensão de Hitler ao poder

POPULISMO é...

A eleição de Donald Trump

QUE IDEIA É ESSA?

COOPERAÇÃO EM VEZ DE COMPETIÇÃO

UMA ECONOMIA MISTA DE NEGÓCIOS PRIVADOS E BEM-ESTAR SOCIAL

LIBERAIS ACHAM QUE TODOS TÊM O DIREITO DE PERSEGUIR SEUS PRÓPRIOS OBJETIVOS

SOCIALISTAS ACREDITAM QUE SERVIÇOS COMO ASSISTÊNCIA MÉDICA DEVEM SER DE PROPRIEDADE DO ESTADO

DIREITOS IGUAIS PARA TODAS AS PESSOAS, INDEPENDENTEMENTE DE GÊNERO, RAÇA OU RELIGIÃO

TODOS CONTRIBUEM IGUALMENTE PARA OS BENEFÍCIOS DO ESTADO E COMPARTILHAM DELES

COMUNISTAS ACREDITAM EM UMA SOCIEDADE SEM CLASSES, ESTRITAMENTE REGULADA

Que ideia é essa? 41

Todos temos ideias sobre o que forma uma boa sociedade. Pode ser que tenhamos uma ideia do que é um salário justo ou de com quantos anos as pessoas podem dirigir, por exemplo.

Políticos e governos com frequência são conduzidos por conjuntos de crenças ou ideologias, no que se refere à melhor maneira de organizar a sociedade e a quem deve ter autoridade. Para ajudar as pessoas a entenderem as diferenças entre essas crenças, elas podem ser localizadas dentro de um espectro que se estende da esquerda à direita. Crenças que estão em cada extremo do espectro têm visões opostas. As ideologias à esquerda, como o comunismo e o socialismo estão associadas à igualdade social e à oposição a hierarquias rígidas. As que estão à direita, como o conservadorismo, defendem a ordem social e a propriedade privada. O liberalismo, no meio, pede liberdades individuais e economias mistas.

AS PESSOAS DEVEM SER CAPAZES DE LUCRAR E DE SE BENEFICIAREM DO LIVRE MERCADO

CONSERVADORES ACREDITAM EM ESTABILIDADE, PROPRIEDADE PRIVADA E SOLUÇÕES PRÁTICAS

A COMPETIÇÃO É NECESSÁRIA PARA O PROGRESSO DA SOCIEDADE

TODOS TÊM UMA POSIÇÃO NATURAL NA SOCIEDADE – ALTA OU BAIXA

AS PESSOAS ESTÃO MELHORES QUANDO CUIDAM DE SI MESMAS

TRADIÇÃO, AUTORIDADE E DEVER SÃO A CHAVE PARA A ESTABILIDADE DE UMA SOCIEDADE

OS FASCISTAS ACREDITAM QUE O ESTADO DEVE TER CONTROLE TOTAL

Ideologias políticas

> ## "Para mim, o socialismo sempre foi uma questão de liberdade e solidariedade."
> **JACQUES DELORS (1925-)**
> Político francês e europeu

SOCIALISMO é...

A IDEOLOGIA QUE DEFENDE QUE, EM UMA SOCIEDADE, O POVO DEVE COMPARTILHAR IGUALMENTE A PROSPERIDADE DO PAÍS

VEJA TAMBÉM:

→ **Comunismo**
páginas 46-47

→ **Karl Marx**
páginas 44-45

→ **Capitalismo**
páginas 52-53

→ **Neoliberalismo**
páginas 56-57

Desde a desaceleração da economia global desencadeada pela crise financeira de 2008, tem havido um interesse renovado no socialismo como alternativa ao capitalismo de livre mercado. Baseado em ideias de justiça social, propriedade comum e cooperação, em vez de competição, o socialismo se acomoda à esquerda do espectro político. A cor vermelha, e em particular uma rosa vermelha, são um dos símbolos do socialismo, representando o sangue dos trabalhadores combatendo o capitalismo.

PROPRIEDADE DO ESTADO

Os socialistas acreditam que os meios de produção de bens e serviços, como fábricas e infraestrutura, devem ser de propriedade de todos, seja por meio do Estado, ou de alguma forma de controle dos trabalhadores. O que

é produzido deve ser distribuído igualmente, de acordo com a necessidade. O Estado deve arcar com os custos das necessidades essenciais, como escolas, saúde e habitação, que devem ser pagas através de impostos.

CONVULSÃO SOCIAL

O socialismo surgiu no início do século XIX como uma reação contra o capitalismo e as revoltas da Revolução Industrial. O filósofo e economista alemão Karl Marx via o socialismo como um passo essencial no caminho do comunismo, da abolição da propriedade privada, e da criação de uma sociedade de classe. Alguns dos primeiros socialistas, frequentemente descritos como "utópicos", criaram cooperativas e experimentaram a vida em comunidades. Outros lutaram para alcançar o socialismo por meio de sindicatos (associações de trabalhadores que atuam para proteger os direitos dos trabalhadores) ou através de movimentos revolucionários, como a Comuna de Paris, que assumiu o controle de Paris, na França, por dois

meses, em 1871. O socialismo acabou se tornando uma poderosa força política em muitas nações.

SOCIALISMO DEMOCRÁTICO

Os socialistas democráticos buscam alcançar o socialismo gradualmente e não através de uma revolução. Eles acreditam que um governo eleito democraticamente deveria regular a economia e os serviços públicos. A saúde e a educação devem ser gratuitas, financiadas por impostos; e aposentadoria e benefícios sociais devem estar disponíveis para todos. Serviços públicos e indústrias, assim como o transporte, devem ser de propriedade pública em vez de concorrerem a lucros privados. Com a exceção de pequenas empresas e residências, os socialistas democráticos querem que todas as propriedades sejam públicas. Um exemplo de um governo de socialismo democrático foi o Partido Trabalhista do Reino Unido, em 1945. Ele estabeleceu o Serviço Nacional de Saúde, o primeiro sistema de saúde gratuito no mundo. Mais recentemente, políticos como Bernie Sanders, do Partido Democrata dos Estados Unidos, se descreveram como socialistas democráticos e fizeram pressão por programas socialistas.

SOCIAL-DEMOCRACIA

Ao contrário da maioria dos socialistas, os sociais-democratas aceitam o capitalismo, argumentando que ele pode ser reformado. Eles defendem uma economia mista de empresas privadas e públicas e bem-estar social financiado pelo Estado para erradicar a pobreza. Partidos sociais-democratas existem em grande parte dos países europeus e foram eleitos para o governo, principalmente nos países nórdicos (Dinamarca, Islândia, Finlândia, Noruega e Suécia). O assim chamado "modelo nórdico" mescla princípios socialistas com o capitalismo – mantendo a propriedade privada, mas permitindo que a negociação sindical consiga melhores condições para os trabalhadores e garantindo um bem-estar social abrangente.

SOCIALISMO REVOLUCIONÁRIO

No outro extremo do espectro, muitos socialistas acreditam que o socialismo nunca será alcançado através das urnas. Eles acreditam que a ideologia e a prática capitalistas são interesses constituídos profundamente arraigados e tão poderosos que a revolução é a única maneira de conquistar uma sociedade socialista. Ocorreram revoluções socialistas no passado, com destaque para a da Rússia, em 1917, onde a revolução foi baseada nos chamados princípios marxistas-leninistas e seu objetivo era estabelecer um Estado comunista.

Karl Marx
1818–1883

Karl Marx foi um filósofo e revolucionário socialista que pressupôs um futuro em que os trabalhadores derrubariam o capitalismo e construiriam uma sociedade na qual todos fossem iguais. Marx não viveu para ver suas crenças em ação, mas as ideias dele abalaram a política do século XX. Seus textos prolíficos tiveram poderosa influência em movimentos políticos ao redor do mundo.

> "Os trabalhadores não têm nada a perder além de suas correntes. Trabalhadores do mundo, uni-vos!"

Estudioso político
Nascido em 1818 em Trier, na Prússia (agora Alemanha), Karl Marx estudou Direito e Filosofia. Seu trabalho como acadêmico e jornalista lhe deu conhecimento de questões políticas e sociais e o levou a acreditar que a economia era fundamental para melhorar a sociedade. Também foi influenciado pelo filósofo alemão do início do século XIX, Georg Hegel, que escreveu que as tensões na sociedade levariam ao progresso.

Escritor radical
Em 1843, Marx se mudou para Paris. A Europa estava, então, fervilhando com ideias políticas radicais, e muitas pessoas pareciam prontas para revolução. Em Paris, Marx renovou uma antiga amizade com o colega Friedrich Engels, filósofo alemão com quem colaborou em seus textos mais famosos. Em 1848, eles publicaram o importante panfleto *O manifesto comunista*, que previu a derrubada do capitalismo e a criação de uma sociedade comunista. Eles concordavam que as classes trabalhadoras em todo o mundo eram uma força em potencial para a revolução e a mudança. As ideias políticas de Marx o tornaram *persona non grata* na Europa. Forçado ao exílio, ele se mudou para Londres. Ali, escreveu *O capital* (1867), que examina a natureza do capitalismo e a exploração dos trabalhadores que não lucram com o sistema.

Legado
As ideias de Marx sobre conflitos de classe foram interpretadas como prova de que o comunismo substituiria o capitalismo. O marxismo foi adotado por movimentos revolucionários e se tornou a linha dos regimes socialistas do século XX. Não sabemos o que Marx teria achado das ações realizadas em seu nome.

Culto à personalidade
O nome e a imagem de Marx foram glorificados na União Soviética, ao lado do primeiro chefe de governo soviético, Lenin (acima à direita). A União Soviética, um Estado comunista fundado em 1922, se baseava em princípios marxistas-leninistas.

Capital político
Marx se tornou um ícone político, mas não ganhou muito dinheiro com seu trabalho. Sua mãe disse: "Se ao menos Karl tivesse adquirido capital, em vez de só escrever sobre ele". Engels ajudou Marx a se sustentar, mas, quando morreu, Marx não tinha um tostão.

Ideologias políticas

> ## "De cada qual, segundo sua capacidade, a cada qual, segundo sua necessidade."
>
> **KARL MARX (1818–1883)**
> Pensador revolucionário, filósofo e economista

COMUNISMO é...

UMA FILOSOFIA POLÍTICA QUE BUSCA ESTABELECER A PROPRIEDADE COLETIVA E CRIAR UMA SOCIEDADE IGUALITÁRIA

Veja também:

← **Socialismo**
páginas 42-43

← **Karl Marx**
páginas 44-45

→ **Praça da Paz Celestial**
páginas 48-49

→ **Capitalismo**
páginas 52-53

→ **Queda do Muro de Berlim**
páginas 54-55

Os seguidores do comunismo – conhecidos como "comunistas" – querem criar uma sociedade construída a partir da justiça social, da igualdade e da cooperação. Eles buscam particularmente abolir a propriedade privada de todos os tipos e substituí-la por um sistema de propriedade coletiva em que todas as coisas da sociedade são possuídas igualmente por todos. Nesse sistema, cada pessoa trabalha para o bem da sociedade de acordo com a sua capacidade, e cada um compartilha dos benefícios de acordo com a necessidade.

O comunismo fica na extrema esquerda do espectro político. É semelhante ao socialismo, com sua ênfase em justiça social e cooperação, mas o comunismo vai mais longe, pois busca abolir completamente a propriedade privada e criar uma sociedade sem classes.

ANTICAPITALISMO

Comunistas aspiram a derrubar o sistema econômico do capitalismo, que afirmam gerar uma grande divisão entre ricos e pobres. Eles acreditam que as estruturas do capitalismo e da industrialização criam uma classe privilegiada, a burguesia, proprietária dos meios de produção (fábricas, lojas, empresas e serviços), e o proletariado (classe trabalhadora) que produz bens, é explorado e mantido na pobreza.

MARXISMO

Em 1848, Karl Marx, junto com outro filósofo alemão, Friedrich Engels, publicou *O manifesto comunista*. Nesse documento, Marx delineou o caminho para o comunismo. Ele afirmou que o capitalismo não apenas explorava as pessoas, mas que também acabaria se destruindo, porque criava instabilidade financeira e tensão entre as classes na sociedade. Ele acreditava que essa luta de classes inicialmente levaria ao socialismo e, mais tarde, inevitavelmente, ao comunismo – uma sociedade sem classes, apátrida, baseada na propriedade comum. Os princípios de Marx continuam sendo a base da ideologia comunista hoje.

REVOLUÇÃO

No início do século xx, o socialismo e o comunismo eram ideologias atraentes para aqueles que se opunham ao capitalismo. Vários países buscaram estabelecer sistemas comunistas. Na Rússia, em 1917, Lenin e os bolcheviques lideraram trabalhadores da indústria em uma revolução comunista para derrubar o czar (governante absoluto da Rússia). Foi nessa época que foi adotado pela primeira vez o símbolo comunista – o martelo (representando os trabalhadores da indústria) e a foice (representando os trabalhadores do campo). A partir de 1922, a Rússia e as regiões vizinhas formaram uma grande nação federal, a União Soviética. Sob o regime de Lenin – e, a partir de 1924, de Joseph Stalin –, foram colocados em prática o que se tornou conhecido como princípios "marxistas-leninistas". Foi formada uma autoridade central, o Partido Comunista, para representar trabalhadores das fábricas e do campo. A propriedade privada foi encerrada, a propriedade comum introduzida e o Estado possuía e administrava a economia. Em teoria, o Partido governava a União Soviética para o bem do povo; na prática, a União Soviética, particularmente sob o regime de Stalin, se tornou uma ditadura de partido único.

ESTADOS COMUNISTAS

Em 1949, a China adotou uma forma de comunismo conhecida como "maoísmo". Ela diferiu do marxismo-leninismo porque foram os trabalhadores do campo, e não os das fábricas, os principais impulsionadores da revolução. O Partido Comunista Chinês era a autoridade central que governava a China. Outros países que adotaram regimes de estilo comunista foram Cuba, Vietnã e Coreia do Norte.

CHEGANDO AO COMUNISMO

Alguns argumentam que nem a União Soviética de Stalin, nem a China de Mao, eram comunistas, mas sim regimes autoritários, nos quais as pessoas perderam suas liberdades. Essa não era a visão de Marx do comunismo. Nos anos após a queda do muro de Berlim, em 1989, o comunismo como ideologia política perdeu popularidade, mas desde o colapso financeiro global de 2008 e seu impacto na vida das pessoas, houve um interesse renovado em suas ideias.

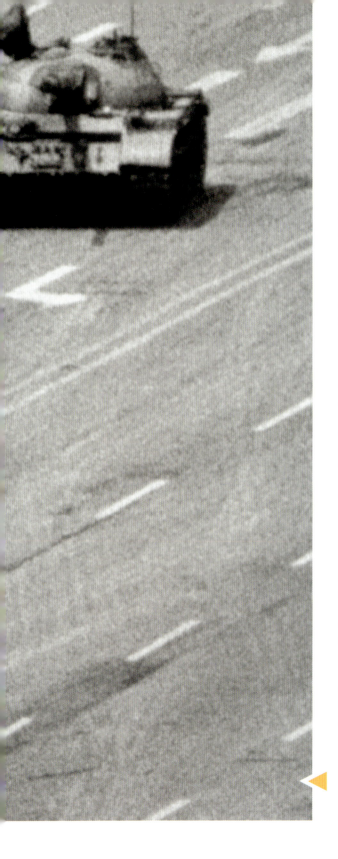

PRAÇA DA PAZ CELESTIAL
4 de junho de 1989

Em 1989, meses de protestos pró-democracia pacífica e anticorrupção na Praça da Paz Celestial (Tiananmen), em Pequim, culminaram em uma resposta severa dos governantes.

A década de 1980 foi uma época de mudanças para a China, após a morte de seu líder Mao Tsé-Tung, em 1976. O Partido Comunista Chinês de Mao (PCC) assumiu o controle em 1949. Influenciado pelo marxismo, Mao criou sua própria forma de comunismo, conhecido como maoísmo.

O Grande Salto para a Frente, de Mao, em 1958, com a intenção de transformar indústria e agricultura, levou a duras condições de trabalho e à fome, matando milhões de pessoas. A Revolução Cultural de 1966, uma brutal repressão a supostos comportamentos anticomunistas, também resultou em mais milhões de mortes.

Os anos 1980 trouxeram reformas econômicas para a China, mas também corrupção. Em abril de 1989, manifestantes estudantis se reuniram na Praça da Paz Celestial pedindo maior liberdade política. Em maio, o governo enviou os militares a Pequim para acabar com as manifestações, que, àquela altura, já reuniam mais de um milhão de pessoas, mas os manifestantes permaneceram inabaláveis. Em 3 de junho, tanques de guerra entraram na praça. No dia seguinte, os soldados atiraram na multidão, matando milhares. Na sequência, muitos mais foram presos.

Hoje, a China é uma potência econômica mundial, combinando o comunismo de Mao com uma forma de capitalismo controlado pelo Estado. A dissidência não é tolerada e os eventos na Praça da Paz Celestial são assunto proibido.

Homem tanque
A imagem de um homem desconhecido e desarmado barrando o caminho de um tanque se tornou um símbolo de desafio ao redor do mundo, mas não na China.

Ideologias políticas

> **"O liberalismo clássico versa que a liberdade individual e um governo limitado são a melhor maneira de os humanos formarem uma sociedade livre."**
> DAVE RUBIN (1976-)
> Comentarista político norte-americano

LIBERALISMO é...

UMA FILOSOFIA POLÍTICA QUE COLOCA OS DIREITOS E LIBERDADES DO INDIVÍDUO NO CORAÇÃO DA POLÍTICA

VEJA TAMBÉM:

← **Socialismo**
páginas 42-43

→ **Capitalismo**
páginas 52-53

→ **Neoliberalismo**
páginas 56-57

Liberdade de expressão, imprensa livre e direitos iguais são apenas alguns dos valores associados ao liberalismo. A palavra "liberalismo" vem do latim *liber*, que significa "livre". Liberalismo é um conceito amplo que inclui ideias econômicas e políticas. Economicamente, ele apoia o livre comércio e um governo pequeno. Politicamente, se identifica com reforma social e direitos humanos – nos Estados Unidos, o termo "liberalismo" é associado ao socialismo. Princípios liberais formaram a base da democracia liberal ocidental e sua ênfase nos governos democraticamente eleitos.

PENSAMENTO ILUMINISTA

O liberalismo fica no centro do espectro político, a não ser nos Estados Unidos, onde é visto como à esquerda. Suas raízes estão nos séculos XVII e XVIII, quando pensadores questionavam a ideia de direitos divinos concedidos por Deus. Eles argumentavam que os seres humanos nascem com direitos naturais, e desafiaram a autoridade da monarquia e da Igreja. John Locke, um filósofo liberal inglês do século XVII, defendia um "contrato social" entre cidadãos e governo. Dois séculos mais tarde, o teórico inglês John Stuart Mill expandiu essa ideia. No que é conhecido como liberalismo clássico, Mill afirmava que os indivíduos deveriam ter a oportunidade de viver como desejassem, desde que não prejudicassem os outros. O papel dos governos deveria ser a introdução de leis que possibilitassem e protegessem essas liberdades.

ECONOMIA LIBERAL

Historicamente, os liberais tendem a apoiar o capitalismo. Eles acreditam em intervenção governamental para questões sociais, mas interferência governamental limitada na economia. Adam Smith, economista liberal escocês do século XVIII, foi o primeiro a defender o livre comércio, acreditando que o mercado se ajustaria naturalmente, de acordo com as leis da oferta e da demanda. Essa crença dominou o pensamento liberal até a crise econômica conhecida como Grande Depressão, na década de 1930, quando o economista liberal britânico John Maynard Keynes afirmou que em tempos de dificuldade, os governos devem intervir para apoiar a economia e introduzir medidas de bem-estar social.

UMA INFLUÊNCIA REFORMISTA

O liberalismo tem sido uma poderosa força política e de reforma. Suas ideias de liberdade e direitos individuais influenciaram a Revolução Americana de 1776 e a Revolução Francesa de 1789, ajudando a moldar a democracia moderna. Sua influência continuou ao longo dos séculos XIX e XX, encontrando expressão em partidos políticos e governos liberais. Hoje em dia, os liberais apoiam reformas sociais tais como direitos das mulheres, dos homossexuais e dos deficientes, bem como a liberdade de expressão e de religião. Mas o liberalismo foi minado pelo socialismo, pelo conservadorismo e, mais recentemente, pela ascensão da economia neoliberal. É um movimento político menos poderoso do que já foi.

LIBERTARISMO

De certa forma, o libertarismo é uma forma extrema de liberalismo. Os libertários colocam a liberdade pessoal acima de tudo. Eles argumentam que o indivíduo deve ser livre para fazer exatamente o que desejar, sem intromissão do governo, especialmente no que diz respeito ao livre mercado. Libertários são encontrados tanto nos movimentos de direita quanto nos de esquerda. À esquerda, incluem alguns grupos anarquistas que acreditam que qualquer forma de Estado é prejudicial. À direita, incluíram o movimento Tea Party dos Estados Unidos, que é antitaxação e apoia um livre mercado extremo.

Ideologias políticas

> "O capitalismo entrega os bens."
> LUDWIG VON MISES (1881-1973)
> Economista, historiador e sociólogo austríaco

CAPITALISMO é...

UM SISTEMA ECONÔMICO EM QUE O COMÉRCIO E A INDÚSTRIA DE UM PAÍS SÃO DE PROPRIEDADE PRIVADA E BUSCAM LUCRO

VEJA TAMBÉM:

Comunismo
páginas 46-47

Liberalismo
páginas 50-51

Neoliberalismo
páginas 56-57

Globalização
páginas 142-143

Associado a bancos e grandes empresas, o capitalismo apoia a propriedade privada, os mercados competitivos e a criação de riqueza. Como ideologia política, o capitalismo fica à direita no espectro político. Apoiadores da ideologia são chamado de "capitalistas".

PROPRIETÁRIOS E TRABALHADORES

O capitalismo influencia na política porque estipula uma visão de como a sociedade deve ser organizada. Os capitalistas acreditam que indústrias, inclusive as de serviços financeiros, devem ser de propriedade privada, seja de um indivíduo ou de uma grande corporação (grande empresa ou grupo de empresas) e devem ser administradas com o objetivo de obter lucros. Em países capitalistas, como os Estados Unidos e os países da Europa, empresas contratam pessoas ou uma força de trabalho, que recebem salários. Os trabalhadores geralmente não têm participação nos negócios – os lucros vão para os proprietários ou acionistas (pessoas que possuem ações de uma empresa), ou para outras empresas que têm participação no negócio. A intervenção do governo nos negócios é limitada.

MÃO INVISÍVEL

O capitalismo moderno tem suas raízes na industrialização dos séculos XVIII e XIX. Em seu livro *A riqueza das nações* (1776), o economista escocês Adam Smith defendeu a ideia de um mercado comercial relativamente não regulamentado pelo governo. Ele acreditava que esse tipo de mercado se estabilizava sem intervenção estatal porque a lei da oferta e da demanda, que ele chamou de "uma mão invisível", regula automaticamente o mercado. De acordo com essa lei, a concorrência entre fornecedores é boa porque empurra os preços para baixo; a escassez de mercadorias empurra os preços para cima.

Smith achava que o mercado deve determinar os salários e condições dos trabalhadores. Ele também acreditava que a maioria das pessoas age a partir de uma lógica de interesse próprio – é do interesse da pessoa trabalhar duro, porque é assim que ele ou ela receberá recompensas.

CAPITALISMO HOJE

Hoje, muitas das economias do mundo são baseadas no sistema capitalista, embora tenham sido feitos alguns ajustes. Países como a Islândia e a Suécia têm o que é conhecido como "economia mista" – parte de sua economia é deixada ao livre comércio, enquanto o governo gerencia áreas como saúde e transporte. Outras nações, como os Estados Unidos, adotaram o neoliberalismo, uma política em que o comércio não regulamentado é um ponto central. A maioria dos governos capitalistas impõe alguns padrões de negociação para itens como alimentos, e muitos países capitalistas introduziram salários mínimos para os trabalhadores.

LIBERDADE DE ESCOLHA

Os defensores do capitalismo argumentam que ele trouxe grandes benefícios – criou empregos, melhorou a vida das pessoas e permitiu que muitos tivessem casa própria. A concorrência entre fornecedores incentivou a inovação em uma vasta gama de bens de consumo. Muitas pessoas alegam que o capitalismo cria liberdade de escolha e oportunidades para os indivíduos participarem da sociedade. No entanto, nem sempre esse é o caso. A China, por exemplo, opera um sistema conhecido como "capitalismo de Estado", no qual o Estado controla todos os aspectos da indústria e comércio. A liberdade pessoal e as liberdades civis são extremamente limitadas.

DIVISÕES ACENTUADAS

Os críticos do capitalismo argumentam que é um sistema injusto e que concentra a riqueza nas mãos de um pequeno grupo de pessoas, deixando outras em condições piores, ou na pobreza. O capitalismo pode explorar trabalhadores pagando salários inadequados ou fazendo com que percam o emprego, caso um mercado entre em colapso. Com a sua determinação constante de aumentar a produtividade e promover o crescimento econômico, o capitalismo também é visto como responsável pelo esgotamento de recursos naturais e por causar a emergência climática.

QUEDA DO MURO DE BERLIM
Novembro de 1989

Quando o Muro de Berlim caiu, em 1989, o evento foi mais do que a demolição de uma fronteira concreta. Também marcou o fim simbólico da Guerra Fria, um período de quarenta anos de conflito político entre Ocidente e Oriente.

Após a Segunda Guerra Mundial, a Alemanha foi dividida em duas pelos aliados. Em 1949, a Alemanha Ocidental tornou-se uma democracia capitalista com fortes laços com países ocidentais, enquanto a Alemanha Oriental ficou sob o controle da União Soviética comunista. A capital alemã, Berlim, foi dividida entre os dois países.

Após a divisão, a vida dos alemães orientais se tornou restrita e, nos doze anos seguintes, estima-se que 2,7 milhões de pessoas partiram para o lado ocidental. Para deter essa evasão, o regime soviético construiu o Muro de Berlim, quase da noite para o dia, em 1961. O Muro se tornou um símbolo das diferenças políticas entre os lados ocidental e oriental, uma barreira ideológica conhecida como Cortina de Ferro.

Nos anos 1980, os governos comunistas da Europa Oriental começaram a enfraquecer e, quando a Hungria abriu suas fronteiras, muitos alemães orientais fugiram. Sob pressão, o regime anunciou que permitiria que seus cidadãos viajassem ao exterior. No mesmo dia, 9 de novembro de 1989, milhares de pessoas se reuniram diante do Muro de Berlim, exigindo permissão para atravessar. Os guardas da Alemanha Oriental permitiram a passagem e as pessoas começaram a derrubar o muro. Em outubro de 1990, o Muro havia sido reduzido a escombros, e a Alemanha foi reunificada como um único país.

Escalando o Muro de Berlim
Guardas da fronteira da Alemanha Oriental observam enquanto berlinenses escalam uma parte do Muro de Berlim em 10 de novembro de 1989.

"O muro era uma edificação de medo. Em 9 de novembro, tornou-se um lugar de alegria."

HORST KÖHLER (1943-)
Ex-presidente da Alemanha reunificada.

Ideologias políticas

"A neoliberalização significou... a financialização de tudo."

DAVID HARVEY (1935-)
Antropólogo e geógrafo econômico britânico

NEOLIBERALISMO é...

UMA DOUTRINA ECONÔMICA E POLÍTICA QUE PROMOVE LIVRE COMÉRCIO, PRIVATIZAÇÃO E CORTES NOS GASTOS DO GOVERNO

VEJA TAMBÉM:

← **Liberalismo**
páginas 50-51

← **Capitalismo**
páginas 52-53

→ **Globalização**
páginas 142-143

O neoliberalismo é uma forma extrema de capitalismo. Apoiadores do neoliberalismo afirmam que todos os processos econômicos – comércio, indústria, negócios e instituições financeiras – devem ser livres para operar e criar riqueza sem regras e restrições do governo. Desde a década de 1970, quando governos começaram a adotar ideias neoliberais, o neoliberalismo teve um impacto profundo sobre a economia e a vida das pessoas.

MERCADOS LIVRES

O economista britânico nascido na Áustria, Friedrich Hayek, foi o principal motor por trás do neoliberalismo. Ele se opôs ao tipo de investimento governamental e planejamento econômico que tinham se tornado populares durante e depois da crise econômica conhecida como a Grande Depressão, na década de 1930. E afirmou que, para evitar crises econômicas, o mercado (comércio de bens e serviços) não deve ser regulamentado. Hayek acreditava que o planejamento do governo era ineficiente e que a lei de oferta e demanda para determinar preços e disponibilidade de bens de consumo era uma maneira melhor de criar uma economia saudável. Ele também afirmava que o controle estatal da economia era antidemocrático, porque impedia a escolha individual. Nas décadas de 1940 e 1950, entre os economistas que popularizaram o neoliberalismo estavam Ludwig von Mises, nascido na Áustria, e o americano Milton Friedman, que defendiam que os governos devem controlar a quantidade de dinheiro em circulação para estabilizar os preços – uma teoria conhecida como "monetarismo".

SEM SOCIEDADE

Nos anos 1980, os governos liderados pela primeira-ministra conservadora do Reino Unido, Margaret Thatcher, e pelo presidente republicano dos Estados

Unidos, Ronald Reagan, adotaram plenamente as políticas neoliberais, em uma tentativa de impulsionar as economias britânica e americana, que estavam estagnadas. Aumentou-se o controle sobre as taxas de câmbio de moeda estrangeira, permitindo que o dinheiro fluísse entre países, e empresas foram abertas a investidores estrangeiros. O envolvimento do governo no comércio e na indústria foi reduzido e serviços públicos, como água, energia e transporte foram privatizados, permitindo-se que fossem administrados por empresas privadas para obtenção de lucro, com menos subsídios do governo.

Também foram introduzidos cortes de impostos, particularmente para os muito ricos. Na base das mudanças na economia estava uma nova ênfase na responsabilidade individual, resumida no comentário de Thatcher de 1987: "Não existe isso que se chama de sociedade… as pessoas devem olhar para si mesmas primeiro". Isso marcou um afastamento de um consenso pós-Segunda Guerra Mundial, de que o Estado tinha responsabilidade pelos grupos mais vulneráveis da sociedade.

AUSTERIDADE

Nos anos 1990, mais governos de esquerda como o Partido Democrata de Bill Clinton nos Estados Unidos e o Partido Trabalhista de Tony Blair no Reino Unido também adotaram políticas neoliberais. A interdependência das economias nacionais devido à globalização também incentivou as políticas de livre comércio. Bancos e instituições financeiras cresceram até que, em 2008, houve um colapso financeiro, seguido por anos de recessão global. Para prevenir a catástrofe econômica, os governos socorreram os bancos e, para lidar com as dívidas governamentais, muitos introduziram as chamadas "medidas de austeridade" para reduzir os gastos do governo. As políticas de austeridade começaram a ser empregadas no Brasil durante a presidência de Fernando Collor de Melo, quando houve a abertura do mercado nacional para importações e, também, o início de um grande processo de desestatização, que seria fortalecido pelo presidente Fernando Henrique Cardoso.

IMPACTO

O neoliberalismo continua sendo uma prática econômica dominante no mundo. Isso gerou crescimento econômico – com banqueiros, instituições financeiras e corporações globais obtendo enormes lucros –, mas as economias também flutuaram. O neoliberalismo aumentou a riqueza e as desigualdades de renda entre ricos e pobres. De acordo com um estudo feito pela instituição beneficente internacional Oxfam, desde 2015 o 1% mais rico da população mundial possui mais riqueza do que o resto do planeta.

Ideologias políticas

> "Ser conservador é... preferir o conhecido ao desconhecido, preferir o experimentado ao não experimentado."
> MICHAEL OAKESHOTT (1901-1990)
> Filósofo e teórico político britânico

CONSERVADORISMO é...

UMA ABORDAGEM POLÍTICA QUE APOIA INSTITUIÇÕES TRADICIONAIS E VALORIZA SOLUÇÕES PRÁTICAS

VEJA TAMBÉM:

← **Capitalismo**
páginas 52-53

← **Liberalismo**
páginas 50-51

← **Neoliberalismo**
páginas 56-57

A pista para entender o conservadorismo está em seu nome. Os conservadores acreditam em manter – ou conservar – estruturas políticas e sociais testadas, que evoluíram ao longo do tempo. Eles rejeitam mudanças repentinas em favorecimento da estabilidade e da continuidade.

POLÍTICAS PRÁTICAS
Localizado à direita no espectro político, o conservadorismo é frequentemente descrito como pragmático. Isso é, os conservadores valorizam as soluções práticas para problemas econômicos e sociais, em vez de soluções baseadas em ideologias ou teorias políticas abstratas. Os conservadores são capazes de reconhecer a necessidade de mudança, mas enfatizam que isso deve acontecer gradualmente. Acima de tudo, eles valorizam uma sociedade bem ordenada em que o estado de direito é claramente definido.

UMA CLASSE DOMINANTE
Na visão conservadora, a sociedade é hierárquica, consistindo em diferentes categorias, ou classes. A ordem social é baseada em uma divisão entre os que são mais adequados para governar e os que são governados. Tradicionalmente, os conservadores valorizam estruturas familiares convencionais, a monarquia (onde existe), o patriotismo e a religião. O papel do governo com frequência é visto como paternalista, ou paternal, suprindo as necessidades das pessoas como devido. Como valorizam uma forte ética do trabalho, alguns conservadores acreditam que é responsabilidade do indivíduo melhorar a si mesmo, e que deve ser dada a ele a oportunidade de fazê-lo.

GOVERNO LIMITADO

O conservadorismo apoia o capitalismo e acredita em propriedade privada, livre comércio, impostos baixos e interferência governamental limitada no comércio e na indústria. Muitos conservadores promovem a ideia de "economia de gotejamento": à medida em que a riqueza é criada, parte dela "pingará" para os que têm menos. Desde o fim do século xx, alguns governos conservadores, influenciados pela economia neoliberal, apoiaram a privatização de serviços públicos e de bem-estar social.

MEDO DA REVOLUÇÃO

Assim como o liberalismo, o conservadorismo surgiu primeiro como uma filosofia política, durante o século xviii. E seu compromisso característico com a estabilidade social, a ordem e a tradição é uma reação à sublevação da Revolução Francesa de 1789. Em 1790, o filósofo anglo--irlandês Edmund Burke, às vezes descrito como o pai do conservadorismo moderno, escreveu um famoso panfleto deplorando a derrubada da monarquia francesa e a perturbação da ordem social. Seus pontos de vista serviram de base para muito do pensamento conservador. Em 1834, foi formado o Partido Conservador britânico, que originalmente evoluiu de um grupo irlandês chamado "Tories". Hoje, é um dos partidos políticos mais antigos que ainda sobrevivem. O conservadorismo, no entanto, não permaneceu apenas na Grã-Bretanha. Com o tempo, seus princípios se espalharam pelo mundo.

CONSERVADORISMO MODERNO

O conservadorismo, em suas várias formas, tem sido muito influente. Na Grã-Bretanha, ele vem sendo a força dominante na política desde 1945. Nos Estados Unidos, o Partido Republicano está associado a valores conservadores. Historicamente, na Europa e na América do Sul, o conservadorismo tem sido associado ao cristianismo, seja católico ou protestante. Um exemplo é o partido alemão de centro-direita, União Democrata-Cristã (cdu), antes liderado pela chanceler alemã Angela Merkel, embora seus membros também incluam não cristãos.

Ideologias políticas

> "Tudo dentro do Estado, nada fora do Estado, nada contra o Estado."
>
> **BENITO MUSSOLINI (1883–1945)**
> Fundador do Partido Fascista Italiano e antigo líder da Itália

FASCISMO é...

UMA FORMA DE NACIONALISMO DE EXTREMA DIREITA QUE ORGANIZA A SOCIEDADE DE MODO A CRIAR UM PODEROSO ESTADO AUTORITÁRIO

VEJA TAMBÉM:

← **Ditadura**
páginas 24-25

← **Totalitarismo**
páginas 26-27

→ **Ascensão de Hitler ao poder**
páginas 62-63

As pessoas que apoiam o fascismo são conhecidas como fascistas. A palavra costuma ser usada livremente como um insulto, para criticar qualquer pessoa ou grupo que seja de direita e autoritário. No entanto, na prática e como teoria política, o fascismo é muito mais complexo e brutal.

FORÇA ATRAVÉS DA UNIDADE

O fascismo fica na extrema direita da escala política. É altamente nacionalista, colocando a força e unidade do Estado-nação acima das liberdades individuais. Todos os aspectos da sociedade e da economia são organizados para criar uma nação uniforme e poderosa. Na prática, um regime fascista é uma ditadura de partido único, tendo à frente um líder carismático, que é apresentado como a única pessoa capaz de resolver os problemas de um país. O regime é militarista e exige total obediência, enquanto encoraja os cidadãos a valorizarem e se identificarem com a nação acima de tudo. Propaganda, discursos envolventes e eventos visuais cuidadosamente coreografados são projetados para impressionar e recrutar as massas. Uma milícia armada e uniformizada cria medo para subjugar a oposição. Regimes fascistas podem usar processos democráticos como eleições para assumir o governo, mas então os abandonam quando conquistam o poder.

RESSURGIMENTO

O fascismo emergiu no mundo na Primeira Guerra Mundial (1914-1918) e ganhou força com o colapso econômico, social e cultural do pós-guerra. Líderes fascistas ganharam destaque prometendo reconstruir seus países e restaurar antigas glórias.

A Itália foi o primeiro Estado fascista. Em 1919, Benito Mussolini fundou o Partido Fascista Italiano. Mussolini, no início, era socialista, porém mais tarde se opôs ao comunismo e ao seu ideal de igualdade social. Como outros fascistas, ele via isso como uma ameaça para a nação.

Com a ajuda de esquadrões armados, conhecidos como "camisas negras", Mussolini ganhou apoio e aterrorizou oponentes. Ele foi convidado a participar do governo e, em 1922, enquanto a Itália entrava em um caos político, ele e seus "camisas negras" marcharam por Roma e tomaram o poder. Mussolini assumiu o título de *Il Duce* ("o líder") e estabeleceu uma ditadura. Ele trabalhou lado a lado com as empresas para reestruturar a economia, prometendo fazer da Itália uma grande potência, que refletiria as glórias da Roma antiga. O regime terminou em 1943, quando militantes italianos (combatentes da resistência) executaram Mussolini.

Nos anos 1930, o fascismo se espalhou pela Europa. Em Portugal, em 1926 um golpe militar estabeleceu uma ditadura. O governo fascista de António de Oliveira Salazar que se seguiu governou até 1974, tornando-se o regime fascista mais longo da Europa. Do outro lado do Atlântico, inspirando-se nas ideias, símbolos e práticas do fascismo italiano, foi criada a Ação Integralista Brasileira, que lançou seu manifesto em 1932 e chegou a servir de base de sustentação do governo de Getúlio Vargas até o início do Estado Novo, em 1937.

NACIONAL SOCIALISMO

Na Alemanha, o fascismo ficou conhecido como Nacional Socialismo, ou Nazismo. Seu líder, Adolf Hitler, se aproveitou da humilhação sofrida pela Alemanha após a derrota da Primeira Guerra, em 1918, e explorou-a, prometendo reconstruir a Alemanha como um grande império militar. O nazismo dominou a Alemanha de 1933 a 1945. Como outros regimes fascistas, o nazismo era nacionalista e totalitário, mas, diferentemente da Itália, o antissemitismo foi fundamental para sua ideologia (crença política). Ao enfatizar a ideia de uma "raça dominante" pura, ariana, os nazistas passaram a perseguir os judeus, os ciganos e outras etnias ou comunidades vulneráveis e se empenharam em exterminá-las. Tropas de assalto

e a Gestapo, a temida polícia secreta nazista, impuseram regras militares e exterminaram os dissidentes.

NEOFASCISMO

Nenhum país ou grupo político hoje se descreve como fascista. No entanto, os termos "neofascista" ou "neonazista" são usados para descrever grupos ou indivíduos que defendem valores fascistas ou nazistas. Nos últimos anos, a esses grupos foram incluídos a Liga de Defesa Inglesa e o Reunião Nacional, na França. Ambos são fortemente nacionalistas e anti-imigração. Outro termo que aparece nas notícias de hoje é *alt-right* (direita alternativa). Refere-se a uma supremacia branca de extrema direita, movimento que começou nos Estados Unidos durante os anos 2010. Grupos *alt-right* frequentemente exibem suásticas nazistas, são antissemitas e defendem o controle da imigração. Uma ativa rede "Antifa" surgiu para se opor a esses grupos.

"Nunca se esqueçam de que tudo o que Hitler fez na Alemanha foi 'legal'."

MARTIN LUTHER KING JR.
Pastor batista e ativista norte-americano pelos direitos civis
(1929-1968)

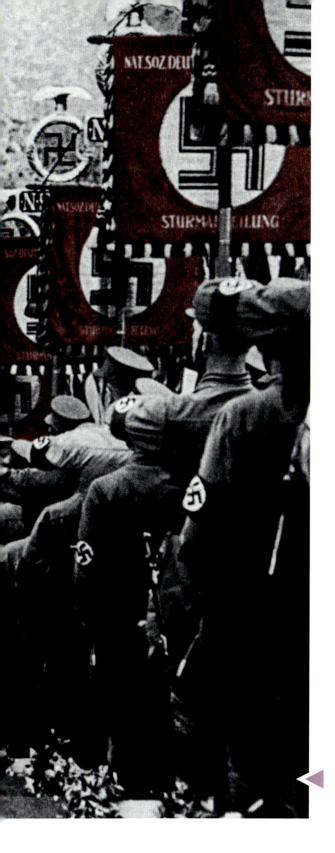

ASCENSÃO DE HITLER AO PODER

SETEMBRO DE 1919–AGOSTO DE 1934

Após a derrota da Alemanha na Primeira Guerra Mundial (1914-1918), o ex-cabo do exército alemão, Adolf Hitler, viu uma oportunidade de estimular o apoio ao Partido Nacional Socialista (Nazista) de extrema-direita. Ele convenceu as pessoas de que os nazistas poderiam tornar a Alemanha humilhada grande novamente.

Hitler se juntou a um partido nacionalista, o Partido dos Trabalhadores Alemão (mais tarde Partido Nazista), em 1919 e, com talento para falar em público, se tornou o líder do partido em 1921. Mas o apoio popular demorou a chegar e, quando Hitler liderou o partido em uma tentativa fracassada de derrubar o governo em 1923, foi preso por traição.

Seu julgamento foi amplamente noticiado e deu fama a Hitler. Depois de solto, ele perseguiu o poder usando propaganda e intimidação. Ao culpar os "forasteiros", como os comunistas, e o povo judeu pelo caos político e econômico, ele uniu a nação contra esses supostos inimigos, e o apoio ao nazismo cresceu. Em 1933, sem que seu partido já estivesse no poder, Hitler se tornou chanceler (chefe de governo), através de um acordo político nos bastidores. Algumas semanas depois, um incêndio inexplicável irrompeu no Reichstag (Parlamento). Hitler culpou os comunistas e conseguiu aprovar uma Lei de Concessão de Plenos Poderes, que lhe permitia aprovar leis sem o consentimento do Parlamento. Ele usou isso para banir toda a oposição. Em 1934, Hitler assumiu o poder absoluto e se declarou Führer (Líder). Sua ditadura fascista levaria o mundo novamente à guerra, em 1939.

Poder e glória
Hitler sobe uma escadaria no "Festival da colheita", de Bückeberg. Os nazistas usavam o forte apelo de uniformes, símbolos e saudações para conquistar o apoio popular.

Ideologias políticas

"Não sou um indivíduo – sou o povo."
HUGO CHÁVEZ (1954–2013)
Ex-presidente da Venezuela

POPULISMO é...

UMA ESTRATÉGIA POLÍTICA QUE ALEGA DEFENDER AS PREOCUPAÇÕES DAS PESSOAS COMUNS CONTRA UMA ELITE PRIVILEGIADA OU CORRUPTA

VEJA TAMBÉM:

← **Neoliberalismo**
páginas 56-57

→ **A eleição de Trump**
páginas 66-67

→ **Globalização**
páginas 142-143

O termo "populismo" apareceu com frequência na mídia ao longo da última década. Associado a políticos como Donald Trump (Estados Unidos), Marine Le Pen (França) e ao partido Podemos, na Espanha, o populismo está em ascensão. Uma abordagem política usada tanto por partidos ou movimentos políticos de direita quanto de esquerda, o populismo promove a ideia de que a sociedade é dividida em dois grupos – "o povo" e a "elite" – que são colocados um contra o outro.

LÍDERES CARISMÁTICOS
Líderes populistas são frequentemente descritos como indivíduos "demagogos", carismáticos, formidáveis, que têm talento para incitar uma multidão. Eles podem se identificar com um partido político ou não, mas se apresentam como defensores do povo. Na visão populista, "o povo" é retratado como um conjunto de indivíduos puros, moralmente superiores à "elite", que é vista como corrupta, antidemocrática, e que busca apenas interesses próprios.

LINGUAGEM EMOTIVA
Estrategicamente, um líder populista usa linguagem emotiva para explorar as angústias profundas de seus apoiadores, que se sentem traídos pelos que estão no poder. Durante sua campanha à presidência dos Estados Unidos, em 2016, Donald Trump se referiu constantemente a "drenar o pântano", querendo dizer que libertaria o governo norte-americano do que alegava tê-lo corrompido. Expressar preocupação pela democracia é outro recurso recorrente do populismo. Durante os anos 2010, Nigel Farage, enquanto líder do Partido da Independência do Reino Unido (UKIP), ganhou apoio para sua campanha populista contra a União Europeia, alegando que a UE era antidemocrática e pedindo o retorno

da soberania britânica. Dessa forma, políticos populistas podem usar canais democráticos para conseguir influência, mas buscam minar esses sistemas de governo quando estão no poder.

MOVIMENTOS POPULISTAS

A crise financeira de 2008, as dificuldades econômicas e a desigualdade social têm incentivado o apoio a alguns movimentos populistas de curta duração e amplamente de esquerda. Foi o caso do movimento internacional Occupy, que destacou a injustiça econômica e social com o slogan "Nós somos os 99%", e o Podemos, partido político de esquerda contra a austeridade espanhola. Os populistas *gilets jaunes* (coletes amarelos) também foram às ruas em 2018 para protestar contra o governo francês.

TOMANDO O PODER

A oposição às minorias étnicas e ao movimento de refugiados de guerra ajudou a desencadear o apoio ao populismo. O mesmo acontece com a percepção de que nem todos os grupos da sociedade se beneficiam da globalização. Partidos políticos populistas usaram essas questões para assumir o governo. Entre os partidos e líderes populistas de esquerda está o falecido presidente venezuelano, Hugo Chávez, cujo partido permaneceu no poder até sua morte, em 2013. O partido grego Syriza, uma coalizão de radicais de esquerda que formou um governo em 2015, atribuiu os problemas econômicos da Grécia às iniciativas dos partidos políticos tradicionais. Muitos partidos e líderes populistas modernos são de direita. Alguns assumem uma posição nacionalista e anti-imigração. Eles atacam o que veem como uma elite intelectual e liberal, que permite acesso aos migrantes. Entre esses estão o Reunião Nacional, de Marine Le Pen, na França, e Viktor Orbán, primeiro-ministro da Hungria. Apesar desses líderes se apresentarem como verdadeiros democratas, na prática eles se ressentem do debate e procuram assumir o controle e limitar a liberdade de imprensa.

APELO

O apelo do populismo é que ele fala diretamente ao povo, superando as "elites", e isso parece oferecer soluções simples para as situações. Sua ascensão reflete um distanciamento do eleitorado de partidos políticos tradicionais, que são vistos como distantes da vida das pessoas comuns. Ideias populistas se espalham rapidamente pelas mídias sociais, mas sua aparente simplicidade pode incentivar a disseminação de desinformação.

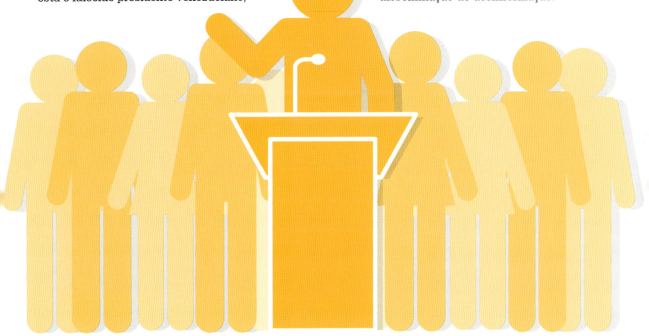

"Deste dia em diante, uma nova visão governará nossa terra... a América em primeiro lugar."

DONALD TRUMP (1946-)
Presidente dos Estados Unidos, discursando em sua posse, em 2016.

A ELEIÇÃO DE DONALD TRUMP
8 de novembro de 2016

Em 2016, Donald Trump, do Partido Republicano, foi eleito o 45º presidente dos Estados Unidos, em uma vitória surpreendente. Político independente, Trump usou uma estratégia populista para conquistar o eleitorado americano.

O apoio a Donald Trump veio de eleitores que se sentiam negligenciados pelos políticos anteriores e queriam mudanças radicais. Trump, uma personalidade impetuosa de um reality show da TV que se recusou a se ater ao roteiro, se aproveitou desse descontentamento.

Beneficiário do império do pai no setor imobiliário, Trump nunca havia tido qualquer cargo político. Ele se apresentou como "antiestablishment" – em oposição aos grupos na sociedade que detinham o poder sistematicamente. Sua linguagem populista colocava o "povo" contra a "elite", e prometia dar poder ao povo, incitando multidões com refrões pedindo a prisão de sua rival, Hillary Clinton, do Partido Democrata. Trump usou o Twitter para se comunicar com seus apoiadores, ignorando a mídia tradicional.

Entre as promessas de Trump para agradar o eleitorado estavam cortes de impostos, colocar os "Estados Unidos em primeiro lugar" em acordos comerciais e na política externa, negar as mudanças climáticas e desprezar a energia limpa em favor de empregos na mineração de carvão. Para problemas complexos, como imigração, ele ofereceu soluções simples como um muro na fronteira com o México, para manter os imigrantes longe. Trump venceu a eleição, com 304 votos dos colégios eleitorais, contra 227 de Hilary Clinton, embora ela tenha tido 48,5% dos votos, contra 46,4% de Trump.

Trump jura "Tornar a América grande de novo"
Um dia antes da eleição, Trump se dirige à multidão em um comício na Carolina do Norte, cativando pessoas em estados que se sentiam esquecidos pela globalização.

Estado e
SOCIEDADE

UMA CONSTITUIÇÃO É...

O nascimento da Constituição dos Estados

DIREITOS HUMANOS são...

O boicote aos ônibus de Montgomery

SEPARAÇÃO DE PODERES é...

DEBATE POLÍTICO é...

Uma ELEIÇÃO é...

Eleições na Índia

SUFRÁGIO é...

Mary Wollstonecraft

FEDERALISMO é...

UM GOLPE DE ESTADO é...

Estado e sociedade

COMO FUNCIONA A DEMOCRACIA?

TODAS AS PESSOAS DO MUNDO DEVEM TER ACESSO A **DIREITOS HUMANOS** BÁSICOS?

DIREITOS CIVIS SÃO O MESMO QUE **DIREITOS HUMANOS**?

QUE **LIBERDADES** E **RESPONSABILIDADES** SÃO ESTIPULADAS EM UMA **CONSTITUIÇÃO**?

TODOS PODEM **VOTAR** EM UMA **ELEIÇÃO**, NÃO IMPORTA **RAÇA** OU **GÊNERO**?

O **VOTO** DEVE SER **COMPULSÓRIO** PARA TODOS OS **ADULTOS**?

COMO DIFERENTES **SISTEMAS ELEITORAIS** AFETAM O RESULTADO DAS **ELEIÇÕES**?

Como funciona a democracia?

Democracia é um sistema de governo que dá ao povo o poder de escolher por quem quer ser governado. Para garantir que um Estado seja justo e livre, é necessário o consentimento da sociedade.

Os Estados democráticos são construídos com base na crença nos direitos humanos e civis. Esses podem ser consagrados em uma constituição, que é um acordo que estabelece a relação entre o governo e as pessoas na sociedade. O governo em uma democracia é eleito pelo povo, que vota em representantes para tomar decisões sobre como governar o país em seu nome.

As instituições do governo que estão encarregadas de administrar o Estado variam de país para país, mas geralmente incluem um Parlamento ou uma assembleia legislativa, um presidente ou primeiro-ministro e um sistema legal. Essas instâncias trabalham juntas para tomar decisões e manter uma e outra sob controle.

QUAL É O PAPEL DE UM PARLAMENTO ELEITO, OU DE UMA ASSEMBLEIA?

O QUE O GOVERNO REALMENTE FAZ?

O QUE O SISTEMA LEGAL TEM A VER COM GOVERNAR UM PAÍS?

QUAL É A DIFERENÇA ENTRE UM PRESIDENTE E UM PRIMEIRO-MINISTRO?

O QUE SÃO PODERES EMERGENCIAIS?

QUEM DECIDE O QUE EM UM GOVERNO FEDERAL, ESTADUAL OU DE DEVOLUÇÃO?

Estado e sociedade

> "A lei é a expressão da vontade geral... Ela deve ser a mesma para todos, seja para proteger, seja para punir."
>
> DECLARAÇÃO DOS DIREITOS DO HOMEM E DO CIDADÃO (1789)
> Publicada pela Assembleia Nacional Constituinte da França

UMA CONSTITUIÇÃO é...

UM CONJUNTO DE REGRAS SOBRE COMO UM PAÍS É GOVERNADO E QUE DIREITOS LEGAIS TÊM OS SEUS CIDADÃOS

VEJA TAMBÉM:

⬅ **A Revolução Francesa**
páginas 18-19

➡ **O nascimento da Constituição dos EUA**
páginas 74-75

➡ **Separação de poderes**
páginas 80-81

Escrita ou não escrita, uma constituição é um conjunto de regras sobre como um país deve ser governado, sobre como o poder é compartilhado, e sobre que direitos e que proteção seus cidadãos possuem de acordo com a lei. Na maioria dos países, essas regras são estabelecidas em um único documento. A primeira Constituição dos Estados Unidos, redigida em 1787, tinha quatro páginas, e a Constituição da Índia, adotada em 1949, chegou a mais de 232 páginas. Em contraste a esses documentos únicos, a constituição do Reino Unido é formada por Atos do Parlamento, sentenças judiciais e costumes políticos estabelecidos ao longo de centenas de anos.

VALORES E ASPIRAÇÕES

Mais do que apenas um conjunto de regras, uma constituição é uma expressão da identidade política de um país. Geralmente começa com uma declaração curta (conhecida como preâmbulo) que resume brevemente o que aquele país defende, estabelecendo os ideais que deseja abraçar.

Por exemplo, a Índia destaca justiça, liberdade, igualdade e fraternidade em seu preâmbulo, enquanto a Irlanda declara que deseja "promover o bem comum, com a devida observância de Prudência, da Justiça e da Caridade". Apesar dessas duas declarações usarem diferentes terminologias, ambas se destinam a inspirar seus cidadãos e representantes eleitos para encorajá-los a serem ambiciosos em seus esforços para estarem à altura dos ideais escolhidos para seu país.

DIREITOS DOS CIDADÃOS

A parte central de qualquer constituição são os direitos dos cidadãos. Em 1776, a Declaração de Independência das Colônias Americanas estabeleceu os direitos básicos de seus cidadãos de "Vida, Liberdade e busca pela Felicidade". Apenas alguns anos depois, em 1789, a Declaração do Direitos do Homem e do Cidadão proclamava na França revolucionária que "homens nascem e permanecem livres e iguais em direitos".

Essas duas declarações históricas, que definem os princípios fundadores das novas repúblicas dos Estados Unidos e da França, tiveram um grande impacto, influenciando as constituições e direitos humanos de outras democracias em todo o mundo.

ONDE ESTÁ O PODER

Uma constituição normalmente determina que poderes guardam cada um dos três ramos do governo: o executivo (o governo do momento, liderado por um presidente ou primeiro-ministro), o legislativo (a assembleia legislativa), e o judiciário (os tribunais). Ela também detalha como um presidente ou primeiro-ministro é responsável (responde) perante os ramos do governo e como ele ou ela pode ser escolhido – e, se necessário, removido.

Dentro desse sistema de compartilhamento de poder, a constituição identifica onde repousa a soberania. Nos Estados Unidos, a autoridade política máxima é o povo e isso é reconhecido no preâmbulo da constituição, que começa com: "Nós, o Povo...". O Brasil segue o mesmo princípio. Já no Reino Unido, a soberania reside na "Coroa no Parlamento", mas a rainha (ou rei) se submete ao primeiro-ministro, enquanto o Parlamento, representando o povo, é a mais alta autoridade legislativa.

Para garantir uma representação justa e eficaz do povo, uma constituição pode estabelecer regras para eleições, tais como: quem tem o direito de participar, quando e como elas são realizadas, como são decididos os resultados, e quem é responsável pela aplicação dessas regras.

GRAVADO NA PEDRA?

Na maioria das democracias, uma constituição é vista como um documento "vivo", que deveria ser possível adaptar ou mudar. Portanto, deve estabelecer como pode ser alterada, para que possa continuar a refletir os valores e princípios da época e contemplar problemas que podem não ter sido vistos como tão importantes ou relevantes na época em que a constituição foi escrita.

No entanto, uma constituição fica acima de todas as outras leis e nenhuma pessoa ou grupo tem o poder de alterá-la. Ela só pode ser alterada através do consenso mais amplo possível – por maioria de votos dos representantes eleitos, ou em referendo público.

O NASCIMENTO DA CONSTITUIÇÃO DOS EUA

1776–1791

As estruturas políticas de muitas nações evoluíram com o tempo, mas a república norte-americana passou a existir com uma constituição redigida especificamente para ela. Isso definiu uma estrutura para o governo, ao mesmo tempo que limitou seu poder e garantiu direitos legais aos cidadãos americanos.

Em 1776, as treze colônias ao longo da costa leste da América do Norte resolveram se desvencilhar das leis britânicas. Em 4 de julho, esses novos Estados declararam independência e entraram em guerra com a Grã-Bretanha, a Guerra da Independência, em 1783.

Em uma Convenção Constitucional realizada na Filadélfia, em 1787, 55 delegados debateram como governar a nova república. Eles redigiram uma constituição formal, que entrou em vigor em 1789 e foi modificada com a Declaração de Direitos, em 1791. O documento criava um governo com restrições e equilíbrio entre o congresso, o presidente e os tribunais, para conter o poder excessivo. Também abordava as tensões entre um governo federal (nacional) e os estados independentes.

Os Estados Unidos da América agora têm 50 estados, e esta Constituição ainda molda o país. O debate político frequentemente invoca seus princípios, como a liberdade de expressão e de reunião, da Primeira Emenda, e o direito de portar armas, da Segunda Emenda. Com 27 alterações entre 1791 e 1992, a Constituição dos Estados Unidos continua a evoluir e a definir sua nação.

Assinatura da Constituição dos Estados Unidos em 1787
Esta pintura mostra os 39 delegados que assinaram a Constituição dos Estados Unidos. George Washington, o primeiro presidente dos Estados Unidos, preside a convenção.

"Estou convencido de que nenhuma outra constituição jamais foi tão bem calculada quanto a nossa."

THOMAS JEFFERSON (1743-1826)
Pai fundador da república e terceiro presidente dos Estados Unidos

Estado e sociedade

> ## "Negar às pessoas seus direitos humanos é pôr em causa sua humanidade."
> **NELSON MANDELA (1918–2013)**
> Ativista dos direitos civis e ex-presidente da África do Sul

DIREITOS HUMANOS são...

PADRÕES E LEIS QUE PERMITEM QUE TODAS AS PESSOAS VIVAM COM DIGNIDADE, LIBERDADE, IGUALDADE, JUSTIÇA E PAZ

VEJA TAMBÉM:

Nelson Mandela
páginas 34-35

Uma constituição
páginas 72-73

O boicote aos ônibus de Montgomery
páginas 78-79

Organizações internacionais
páginas 146-147

Direitos humanos são modos fundamentais de viver e de ser tratado, indispensáveis a todos os seres humanos do planeta, em virtude de serem humanos. Um governo que não respeita os direitos de seus cidadãos corre o risco de perder apoio e, por consequência, o direito de governar.

UMA LONGA HISTÓRIA

Ciro, o Grande, da Pérsia, publicou leis para proteger os direitos de seus súditos em 539 a.C., mas nem ele, nem o resto do mundo antigo, viam esses direitos como iguais para todos. Foi a Magna Carta da Inglaterra, de 1215, que primeiro estabeleceu o princípio da igualdade perante a lei. Em 1689, o filósofo inglês John Locke apresentou a ideia de "direitos naturais" como parte essencial de ser humano, e definiu-os como o direito "à vida, à liberdade e à propriedade". A Declaração de Independência dos Estados Unidos, em 1776 proclamou que "todos os homens são criados iguais" e dotados de certos direitos "inalienáveis" dos quais ninguém deve ser privado. A Revolução Francesa de 1789 declarava que "os homens nascem e permanecem livres e iguais em direitos... Esses direitos são liberdade, propriedade, segurança e resistência contra a opressão".

Após a Segunda Guerra Mundial, as Nações Unidas (ONU) adotaram a Declaração Universal dos Direitos Humanos, em 1948. Essa Declaração estabeleceu trinta direitos humanos básicos que incluíam o direito à liberdade de expressão, a um julgamento justo e à proteção contra tortura, além de direitos econômicos, sociais e culturais – como alimentação adequada, habitação decente, educação, saúde, acesso a água limpa e trabalho.

As sociedades debatem há muito tempo a importância relativa da liberdade de interferência do Estado em oposição ao direito de ter certas necessidades atendidas.

DIREITOS CIVIS

Enquanto os direitos humanos são – ao menos em teoria – direitos fundamentais, universais em todo o mundo, os direitos civis se referem às leis e costumes que protegem a liberdade do indivíduo, e variam de país para país. Ativistas de direitos civis em todo o mundo exigem igualdade de oportunidades e proteção sob a lei, independentemente de raça, religião, status econômico e outros fatores. O movimento dos direitos civis dos Estados Unidos, por exemplo, procurou garantir direitos políticos, sociais e econômicos totais para os afro-americanos no período do pós-guerra, de 1946 a 1968. Uma série de leis de Direitos Civis criminalizaram o racismo e a discriminação, a última promulgada apenas algumas semanas depois do assassinato do líder da luta pelos direitos civis, Martin Luther King Jr., em 1968.

No entanto, as conquistas dos direitos civis do último meio século paralisaram nos Estados Unidos, apesar da eleição do primeiro presidente afro-americano do país, Barack Obama, em 2008. O assassinato injustificado de um adolescente negro na Flórida, em 2012, desencadeou o movimento Black Lives Matter (Vidas Negras Importam), que exige tratamento igual para os afro-americanos pelo sistema de justiça criminal. Outros grupos também afirmaram seus direitos civis. Desde a década de 1960, mulheres, pessoas com deficiência, a comunidade LGBTQ e outros grupos lutam por igualdade de direitos em movimentos ativistas ao redor do mundo.

MAIS A SER FEITO

A ONU continua a redigir novas leis e a investir grandes somas na proteção e promoção dos direitos humanos (e civis) em todo o mundo. Por exemplo, uma convenção da ONU de 1979 que proibiu a discriminação contra as mulheres inspirou a formação de grupos de direitos das mulheres em sociedades patriarcais. No entanto, por mais que a maioria dos países apoie a ONU na luta contra a exploração sexual e contra o abuso de mulheres e crianças, organizações como a Human Rights Watch e a Anistia Internacional pressionam os governos para que resolvam questões de direitos humanos. O mesmo acontece com as sanções econômicas e políticas impostas por outros países, mas sob o risco de provocar uma reação e aumentar o sofrimento das pessoas. Em uma escala menor, as organizações esportivas podem boicotar competições em países onde os direitos humanos são rotineiramente violados. E em um nível pessoal, os consumidores podem fazer escolhas éticas sobre onde compram e passam férias, por exemplo, para evitar sustentar financeiramente regimes abusivos.

"Os maus-tratos a nós não eram certos, e eu estava cansada daquilo."

ROSA PARKS (1913–2005)
Ativista norte-americana pelos direitos civis

O BOICOTE AO ÔNIBUS DE MONTGOMERY
DEZEMBRO DE 1955–DEZEMBRO DE 1956

Quando uma mulher se recusou a ceder seu lugar em um ônibus em Montgomery, no Alabama, sua ação individual levou ao primeiro protesto em massa contra a segregação racial nos Estados Unidos, abrindo caminho para o movimento americano pelos direitos civis.

Em 1º de dezembro de 1955, Rosa Parks pegou o ônibus para casa, voltando de seu trabalho de costureira. Na época, as leis racistas segregavam pessoas negras e brancas no transporte público. Como o ônibus estava cheio, o motorista pediu a Parks e a três outros passageiros negros que cedessem a pessoas brancas seus assentos na primeira fila da parte "mestiça" do veículo. Parks se recusou e foi presa. A notícia se espalhou rápido. A comunidade negra de Montgomery e seus líderes, incluindo o jovem pastor Martin Luther King Jr., decidiram boicotar os ônibus. A partir de 5 de dezembro de 1955, o dia do julgamento de Rosa Parks, cerca de quarenta mil afro-americanos – 75% dos usuários de ônibus da cidade – se recusaram a andar de ônibus. Em vez disso, caminharam, pegaram táxis, ou compartilharam carros. O boicote durou 381 dias e atraiu atenção nacional. Seu impacto na economia local foi enorme. Em 20 de dezembro de 1956, a Suprema Corte decidiu que a segregação racial no transporte público era inconstitucional. O boicote terminou no dia seguinte. Montgomery foi um exemplo de que se podia ter resultados sem violência. O evento ajudou a moldar o movimento de direitos civis e inspirou seu futuro líder, Martin Luther King Jr.

Sucesso dos direitos civis
Para marcar o fim do boicote aos ônibus de Montgomery, Rosa Parks embarca em um ônibus, em dezembro de 1956. As ações dela levaram ao fim da segregação racial nos transportes.

Estado e sociedade

"O poder deve servir como controle do poder."
BARÃO DE MONTESQUIEU (1689-1755)
Filósofo francês

SEPARAÇÃO DE PODERES é...

UM MODELO DE GOVERNO QUE COMPARTILHA A RESPONSABILIDADE ENTRE TRÊS GRUPOS PARA QUE NENHUM DELES TENHA PODER DEMAIS

VEJA TAMBÉM:

← **Uma constituição**
páginas 72-73

← **O nascimento da Constituição dos EUA**
páginas 74-75

→ **Debate político**
páginas 82-83

Numa democracia moderna, cada uma das três funções principais do governo – fazer leis, interpretá-las e colocá-las em prática – é realizada por um ramo separado do governo.

OS TRÊS RAMOS

O ramo do governo que faz e altera leis é conhecido como legislativo. Ele assume a forma de um Parlamento ou Assembleia (ou Congresso, no caso dos Estados Unidos), que geralmente é composto por representantes eleitos pelo povo. Os legisladores pertencem a diferentes grupos, conhecidos como partidos políticos, e juntos propõem, examinam e debatem políticas – ideias de como melhorar a vida dos cidadãos e fazer a sociedade funcionar, que podem exigir novas leis – e votam para aprová-las ou rejeitá-las.

O presidente ou primeiro-ministro é o chefe do executivo. Esse é o ramo responsável por governar um país implementando as políticas e leis aprovadas pelo legislativo. O executivo é formado por um pequeno grupo chamado gabinete, nomeado pelo presidente ou primeiro-ministro, frequentemente chamado de governo. O executivo trabalha com uma burocracia não eleita, o serviço civil, para colocar as políticas e leis em prática.

O sistema jurídico de um país é seu judiciário, o ramo do governo que interpreta leis e faz julgamentos por meio dos tribunais. É composto de juízes e outros especialistas jurídicos designados para garantir que a lei seja aplicada a todos, incluindo os outros dois ramos. A ideia da separação de poderes foi introduzida pela primeira vez na Grécia Antiga, o berço da democracia, e na República Romana. Mas foi o juiz, e filósofo político francês do século XVIII, Montesquieu, que o transformou no modelo tripartite de hoje (em três partes).

Essa separação foi projetada para impedir que um ramo se tornasse poderoso demais – cada um tem que prestar contas aos outros. Cada ramo do governo tem algum controle sobre as ações dos outros dois ramos e pode alterar ou vetar (bloquear) suas ações.

PRESIDENTE OU PARLAMENTO

A separação de poderes é mais clara em uma democracia presidencial, como nos Estados Unidos. Geralmente o presidente (o líder executivo) é eleito pelo povo e é independente, não responde perante o legislativo.

Em um parlamentarismo, o executivo (as pessoas que formam um governo) é escolhido no legislativo (Parlamento) e continua a prestar contas a ele. O partido político que recebe a maioria dos votos do povo forma o novo governo e elege um líder, o primeiro-ministro.

Nesse sistema, o primeiro-ministro é chefe do governo, enquanto o chefe de Estado é geralmente um presidente com papel cerimonial (ou um monarca constitucional), que é um foco não político da identidade nacional. Alguns países, incluindo Alemanha, França e Índia, têm um presidente e um primeiro-ministro que compartilham as responsabilidades da liderança em um sistema semipresidencialista.

RESPONSABILIZANDO O PODER

Quando o público vota em um governo, está votando nas promessas de um partido político, ou de um candidato, de como eles governarão o país. Essas promessas, que são estabelecidas durante uma eleição e mais tarde se tornam políticas, explicam como o governo planeja fazer coisas como criar escolas ou enfrentar as mudanças climáticas.

Para que o povo saiba se o governo que colocou no poder está agindo em seu interesse e cumprindo essas promessas, o sistema de freios e contrapesos permite que ele seja responsabilizado pelos outros dois ramos do governo. Esse requisito para que um governo explique suas ações ou suas falhas ao agir está no coração de qualquer democracia em pleno funcionamento.

EXECUTIVO

LEGISLATIVO

JUDICIÁRIO

Estado e sociedade

> "O diálogo é a essência da política parlamentarista."
> **SHARAD PAWAR (1940-)**
> Político indiano

DEBATE POLÍTICO é ...

O PROCESSO PELO QUAL POLÍTICOS EM UMA DEMOCRACIA PARLAMENTARISTA TOMAM DECISÕES SOBRE COMO GOVERNAR UM PAÍS

VEJA TAMBÉM:

← **Democracia**
páginas 32-33

← **Separação de poderes**
páginas 80-81

→ **Uma eleição**
páginas 84-85

O debate – discussão formal de um problema em um local público de reunião – está no coração da democracia parlamentar. A palavra "parlamento" vem do verbo francês *parler*, que significa falar, e, em uma democracia, as pessoas elegem representantes para fazer exatamente isso. O debate é como um Parlamento – ou uma Assembleia Nacional, ou Congresso, nos Estados Unidos – cumpre seu papel de representar as pessoas, conferindo o que o governo está fazendo (incluindo impostos e gastos), e fazendo ou mudando leis.

PARTIDOS POLÍTICOS

Os partidos políticos modernos são centrais no processo democrático de debate – grupos organizados de pessoas que compartilham ideias semelhantes sobre como seu país deve ser governado. Eles podem representar uma ideologia (como conservadorismo,

liberalismo, socialismo) ou uma questão específica (como o meio ambiente). Os partidos políticos existem na maioria dos países, a menos que sejam proibidos por ditaduras. Os países podem ter um sistema de partido único, de dois, ou de vários partidos. Um Estado de partido único, como a China ou a Coreia do Norte, não permite aos cidadãos uma escolha de partidos e políticas em que votar em uma eleição e não são democráticos.

MOLDANDO A POLÍTICA GOVERNAMENTAL

Antes de uma eleição, cada partido decide suas políticas – um curso de ação em questões como educação, criminalidade ou economia – e produz um programa de promessas aos eleitores. O partido (ou coalizão de partidos) que vence a eleição concorda com uma agenda anual do que ele irá solicitar que o Parlamento debata, e é escolhido um "porta-voz" para presidir os debates.

As promessas feitas pelos partidos e as críticas que eles fazem aos partidos rivais – tanto durante uma eleição quanto no Parlamento, em entrevistas à imprensa e nas mídias sociais – são parte de um debate político mais amplo. Muitas pessoas consideram incômodo o estilo antagônico da política partidária e desconfiam de políticos que exageram suas realizações e insultam uns aos outros. Algumas pessoas duvidam que esse debate ajude a sociedade e nunca votam. Contudo, os partidos garantem uma voz coletiva no Parlamento, e são um elo valioso entre o Estado e a sociedade.

Grupos que trabalham em prol do interesse dos cidadãos, instituições de caridade e sindicatos, assim como empresas e indivíduos, fazem lobby (ou tentam influenciar) os partidos e o governo a levarem em consideração suas reivindicações. Ativistas também tentam pressionar, organizando protestos on-line e nas ruas para exigir mudanças.

Onde quer que essas formas de debate ocorram – seja no governo nacional e local, na mídia, ou nas ruas – a liberdade de expressão é essencial para garantir que as opiniões do povo sejam ouvidas.

RESPONSABILIZANDO O GOVERNO

Em uma democracia, é papel da oposição – os partidos que não estão no poder – responsabilizar o partido (ou coalizão de partidos) que está no poder. Eles fazem isso no Parlamento, questionando o governo sobre suas ações ou falhas em cumprir as promessas que fez ao eleitorado.

Se um governo em uma democracia parlamentarista está fracassando em administrar o país e ocorre uma crise nacional, o Parlamento pode debater um "voto de não confiança" no governo. Isso pode desencadear uma eleição para substituir o governo. Nos Estados Unidos e em outros países presidenciais, se um presidente é acusado de abusar de sua posição de poder, o Congresso ou a Assembleia Nacional debatem se ele deve ou não sofrer impeachment – nesse caso, as acusações feitas contra o presidente são graves o suficiente para resultar em sua retirada do governo.

Estado e sociedade

> "Os ingleses pensam que são livres. Eles são livres apenas durante a eleição dos membros do Parlamento."
>
> JEAN-JACQUES ROUSSEAU (1712-1778)
> Filósofo nascido na Suíça

UMA ELEIÇÃO é...

UM PROCESSO DE VOTAÇÃO PARA ESCOLHER UMA PESSOA PARA ASSUMIR UM CARGO OFICIAL EM UMA ASSEMBLEIA OU EM OUTRA FORMA DE GOVERNO

VEJA TAMBÉM:

← **Democracia**
páginas 32-33

→ **Eleições na Índia**
páginas 86-87

→ **Sufrágio**
páginas 88-89

Numa democracia representativa, o povo vota em políticos que participam de uma eleição para representá-lo em uma Assembleia ou Parlamento. Em alguns países, os eleitores elegem um presidente também. As eleições são realizadas em muitas outras esferas da vida, desde conselhos estudantis, nas escolas, até em sindicatos, no trabalho, para dar voz às pessoas na decisão de como as coisas são feitas, mas as eleições que escolhem um novo governo afetam a todos nós. Nessas eleições, os eleitores escolhem um candidato com base no partido político que ele representa e em como as políticas desse partido se alinham com suas crenças e opiniões. Cada partido publica suas políticas em um manifesto – um conjunto de promessas que o partido deseja colocar em prática se for eleito para governar o país. Mas os eleitores também podem ser influenciados pela personalidade e reputação do candidato.

O PRIMEIRO A BATER A META

Diferentes países usam diferentes sistemas eleitorais para eleger membros da assembleia – membros do Parlamento (MPS, na Grã-Bretanha), ou congressistas, nos Estados Unidos –, e cada sistema produz um tipo diferente de resultado.

No *"first past for the post"* (FPTP), que pode ser traduzido como "o primeiro a bater a meta", também conhecido como sistema majoritário, o candidato que consegue a maioria dos votos em um círculo eleitoral (ou distrito eleitoral) é eleito deputado. Em uma democracia parlamentar, o partido que tem mais candidatos eleitos forma o novo governo.

Esse sistema (ou suas variações) é usado em cerca de um terço dos países do mundo, incluindo Reino Unido, Estados Unidos, Canadá, França e Índia, favorecendo os grandes partidos – muitas vezes estabelecidos há muito tempo e bem conhecidos dos eleitores. Mas é um sistema que pode atrapalhar partidos novos, menores, com interesses particulares, como o meio ambiente. Candidatos de um grupo minoritário raramente atraem a maioria dos votos, e assim seus interesses podem acabar sendo negligenciados no Parlamento.

LISTA DE PARTIDO

Muitos países favorecem sistemas eleitorais baseados em representação proporcional (RP). Com algumas variações, estes sistemas contam o número de votos dados a um partido em todo o país, e não por distrito. No formato conhecido como Lista de Partido (LP), os eleitores ganham representantes em um número proporcional ao número total de votos recebidos por seu partido. Isso dá aos partidos menores mais chance de conseguir cadeiras do que no sistema majoritário. Pode parecer um formato mais justo, mas geralmente significa que não há maioria absoluta de um partido, então, dois ou mais partidos fazem uma parceria ou coalizão. Os governos de coalizão podem ter dificuldade em concordar sobre as políticas a serem adotadas e acabarem sendo incapazes de agir. O Brasil tem um sistema proporcional de lista aberta para cargos legislativos. As principais críticas a esse formato referem-se à necessidade de concessões a partidos de oposição para se conseguir governar.

SISTEMAS MISTOS

Juntamente com a instabilidade política, outra desvantagem da RP é que os eleitores não conhecem seus representantes eleitos. Por esse motivo, alguns países usam sistemas que combinam representação proporcional de partidos com a eleição de candidatos locais. O Sistema de Candidato Adicional, usado na Alemanha, na Nova Zelândia e pelas assembleias galesas e escocesas do Reino Unido, é um desses sistemas.

A Irlanda do Norte, embora faça parte do Reino Unido, também tem sua própria assembleia, que é eleita por um sistema conhecido como Voto Único Transferível. Isso permite que os eleitores classifiquem os candidatos em ordem de preferência para eleger um executivo de poder compartilhado – uma coalizão de partidos rivais, criados como parte do processo de paz após os violentos conflitos sectários de 1969-1998.

UM REFERENDO

Na democracia direta, o povo decide um assunto, em vez de escolher seus representantes – geralmente em um referendo, quando o governo entrega a responsabilidade de tomar uma decisão sobre um tópico aos eleitores.

Em 2016 no Reino Unido, por exemplo, a população votou sobre permanecer ou não na União Europeia. A Suíça realiza referendos desde 1798, e em maior quantidade do que qualquer outro país. Somente entre 1996 e 2016, foram 180 deles, sobre questões que vão desde a introdução de domingos sem carro até planos para abolir o exército.

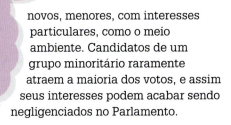

"A verdadeira democracia não pode ser operada por vinte homens no centro, tem que ser levada a cabo pelas pessoas de cada aldeia."

MAHATMA GANDHI (1869-1948)
Ativista de direitos civis e líder do movimento de independência da Índia

ELEIÇÕES NA ÍNDIA
ABRIL–MAIO DE 2019

Com uma população de 1,3 bilhão, a Índia é a maior democracia do mundo: cerca de 900 milhões de cidadãos – homens e mulheres com dezoito anos ou mais – podem votar.

A Índia é uma república federal com democracia parlamentarista. Suas eleições são uma grande tarefa. Em um país com território de 3287 milhões de quilômetros quadrados, partes da Índia rural são muito remotas, mas os pontos de votação são montados em até cerca de dois quilômetros de cada eleitor. As eleições duram seis semanas e os votos são dados através de máquinas eletrônicas que exibem os símbolos dos partidos dos candidatos – $1/4$ dos indianos são analfabetos e, assim, eles reconhecem logotipos dos partidos, em vez de nomes. Os funcionários do governo levam máquinas ao Himalaia em iaques, atravessam florestas montados em elefantes e chegam de camelo ao outro lado do deserto. A Índia tem maioria hindu; no entanto, mais de 300 milhões de indianos pertencem a minorias religiosas, incluindo 200 milhões de muçulmanos. Com o nacionalismo hindu em ascensão no século XXI, as eleições recentes foram marcadas por violência e repressão, principalmente de muçulmanos e dalits (a casta mais baixa, ou classe hereditária, na sociedade hindu). A eleição de 2014 foi chamada de "eleição nas mídias sociais" com os grandes partidos gastando milhões para conquistar o voto dos eleitores via mensagens direcionadas. Esse tipo de campanha digital não regulamentada é uma tendência global que desafia os códigos de conduta para garantir eleições livres e justas.

Esperando para votar
Essas mulheres no norte da Índia mostram seus documentos eleitorais enquanto fazem fila para votar na eleição geral de 2019. Dos 8 mil candidatos concorrendo a 543 assentos no Parlamento, apenas 8,8% eram mulheres.

Estado e sociedade

"Votar é o direito mais precioso de todo cidadão."

HILLARY RODHAM CLINTON (1947-)
Ex-secretária de Estado dos Estados Unidos

SUFRÁGIO é...

O DIREITO DO POVO DE VOTAR EM UMA ELEIÇÃO POLÍTICA – DE MODO IDEAL, INDEPENDENTEMENTE DE RAÇA, GÊNERO, PODER AQUISITIVO OU CONDIÇÃO SOCIAL

VEJA TAMBÉM:

← **Uma eleição**
páginas 84-85

← **Eleições na Índia**
páginas 86-87

→ **Mary Wollstonecraft**
páginas 90-91

O direito ao voto é fundamental para a democracia moderna, mas a história do sufrágio é longa e complexa. Na Grécia Antiga, apenas cidadãos adultos do sexo masculino podiam votar; mulheres e escravos não eram cidadãos e não tinham direito ao voto. Até depois das revoluções americana e francesa do século XVIII, inspiradas por ideais de liberdade e igualdade, apenas homens brancos, donos de propriedades, podiam votar.

No século XIX, os ativistas pelos direitos dos trabalhadores e as sufragistas, que defendiam o direito ao voto para as mulheres, lutaram para estender os direitos de voto. Nos Estados Unidos, essa luta estava ligada a grupos contra a escravidão e a favor do direito ao voto para as pessoas negras, enquanto no Reino Unido as *suffragettes* fizeram uma campanha violenta pelo direito ao voto para as mulheres. A Nova Zelândia foi o primeiro país a dar às mulheres o direito ao voto, em 1893.

Uma geração depois, a Primeira Guerra Mundial terminou com a era dos impérios e das antigas hierarquias. Em 1918, a maioria das mulheres com mais de trinta anos no Reino Unido ganhou direito ao voto, e todos os homens acima de 21 anos – isso foi estendido em 1928 para incluir todas as mulheres acima de 21 anos, e essa idade reduzida para dezoito anos em 1969.

No Brasil, as mulheres conquistaram o direito ao voto em 1932, com a publicação do primeiro código eleitoral do país. No entanto, o voto feminino era facultativo, o que só mudou a partir de 1946. Na Arábia Saudita, somente em 2015 as mulheres ganharam o direito ao voto.

SUFRÁGIO UNIVERSAL

A batalha contínua pelo sufrágio universal – quando todo cidadão adulto tem direito ao voto, independentemente de gênero, etnia ou renda – tem se provado longa e difícil.

Em muitos países, pessoas de cor

Sufrágio é...

não ganharam o direito ao voto até décadas depois das mulheres brancas. Na Austrália, demorou até 1962 para que a população indígena do país (aborígine) conquistasse o direito ao voto em todos os estados. Nos Estados Unidos, a Lei dos Direitos de Voto, de 1965, finalmente tornou ilegal obrigar os eleitores a fazerem testes de alfabetização, que discriminavam principalmente os afro-americanos. A África do Sul realizou sua primeira eleição com sufrágio universal em 1994, e no Brasil, o sufrágio universal só foi instituído na Constituição de 1988, pois até então os analfabetos não podiam votar.

SUPRESSÃO DO VOTO

Embora o sufrágio seja amplamente reconhecido como um direito humano fundamental, ainda não faz parte da vida de milhões em todo o mundo. Entre os excluídos estão os não cidadãos (não considerado cidadão no país em que vive), os que cometem crimes, os sem-teto, os pobres, e aqueles que temem represálias. Nas sociedades patriarcais, dizem às mulheres em quem votar ou as impedem de votar. No Afeganistão, sob rígidos códigos islâmicos, uma mulher precisa de permissão de um tutor para sair de casa, o que dificulta o voto.

Para combater a privação de direitos, grupos locais e internacionais de monitoramento auxiliam governos a realizar eleições livres e justas observando todo o processo – da educação do eleitor e campanhas à organização de onde as pessoas devem votar e como os votos finais são contados.

INCENTIVO À PARTICIPAÇÃO

Muitos têm o direito de votar livremente, mas não fazem isso. Em um esforço para aumentar a participação das pessoas no processo eleitoral, cerca de uma dúzia de países – como Argentina, Brasil, e Áustria –, diminuíram a idade mínima para votar para dezesseis anos. Em alguns países, votar é obrigatório. No Brasil, por exemplo, não votar pode resultar em multa. Alguns sugerem que a votação deve ser obrigatória apenas para jovens que votam pela primeira vez. Depois que votam uma vez, as pessoas ficam mais propensas a votar ao longo da vida. Isso aumenta a participação dos jovens na democracia e poderia garantir que se prestasse mais atenção às preocupações desses eleitores.

Mary Wollstonecraft
1759–1797

A escritora e filósofa radical anglo-irlandesa Mary Wollstonecraft não foi chamada de "feminista" em sua própria época; o termo só seria usado dali a cem anos. No entanto, ela foi uma das primeiras defensoras da igualdade das mulheres e defendia que as meninas deveriam receber a mesma educação que os meninos. Suas ideias avançadas foram a pedra fundamental para os movimentos dos direitos das mulheres dos séculos posteriores.

> "Fortaleça a mente feminina ampliando-a e será o fim da obediência cega."

Autodidata

Mary Wollstonecraft nasceu em Londres e sua infância foi arruinada pelo pai alcóolatra e agressivo. Como muitas meninas daquele tempo, teve pouco acesso à escolaridade formal. Mary conseguiu se educar o suficiente para, aos vinte e poucos anos, abrir uma pequena escola. Quando o empreendimento não deu certo, ela voltou a trabalhar nos poucos empregos disponíveis para as mulheres de classe média, como preceptora de crianças, morando nas casas em que trabalhava. Àquela altura, Mary já pensava sobre falta de liberdade e de educação para mulheres. Começou a frequentar círculos intelectuais e a fazer amizade com pensadores radicais da época.

Os direitos da mulher

No século XVIII, era impensável que as mulheres votassem ou tivessem uma carreira profissional. Mary acreditava que, se tivessem igualdade de oportunidades com os homens, as mulheres poderiam se libertar da escravidão doméstica. Em 1792, ela publicou o livro que a tornou famosa: *Reivindicação dos direitos das mulheres*, um dos primeiros textos feministas. No livro, ela defendia que as mulheres fossem educadas menos como "amantes sedutoras", e que aprendessem a "ampliar suas faculdades", o que seria dignificado pela capacidade e pelo direito de se sustentar.

Vida encurtada

Ainda em 1792, iluminada pela Revolução Francesa, foi para Paris. Lá, teve um caso amoroso e uma filha, Fanny. Em 1795, Mary voltou a Londres. Se casou e foi feliz com o escritor William Godwin, em 1797, mas como muitas outras no século XVIII, morreu depois de dar à luz, aos 38 anos. Seu trabalho, redescoberto um século depois por ativistas, ainda repercute.

Filha famosa

A segunda filha de Wollstonecraft, a cujo nascimento a escritora não sobreviveu, tornou-se famosa como Mary Shelley, autora do romance gótico *Frankenstein* (1818). Como a mãe, Shelley estava ciente das injustiças enfrentadas pelas mulheres.

"Uma hiena de anáguas"

Foi assim que o escritor Horace Walpole (1717-1797) chamou Mary Wollstonecraft, em uma reação machista. O retrato de 1971 de John Opie foi visto como não convencional. As mulheres não costumavam ser pintadas olhando de forma tão ousada para o observador.

Estado e sociedade

> "Os poderes delegados [...] ao governo federal são poucos e definidos."
> JAMES MADISON (1751-1836)
> Pai Fundador da república e quarto presidente dos Estados Unidos

FEDERALISMO é...

UM MODO DE DISTRIBUIR O PODER ENTRE O GOVERNO CENTRAL E O REGIONAL

VEJA TAMBÉM:

 **Uma constituição**
páginas 72-73

 **O nascimento da Constituição dos EUA**
páginas 74-75

Em um sistema federativo de governo, um grupo de regiões ou estados concorda em se unir sob uma autoridade central e compartilhar poder com ela, formando um governo federal (nacional). Eles decidem que aspectos do poder político as regiões reterão e quais entregarão ao poder central, de modo que governos regionais e federal sejam responsáveis por executar tarefas separadas.

FEDERALISMO NOS ESTADOS UNIDOS

O federalismo é frequentemente encontrado em grandes nações – como os Estados Unidos, Canadá, Brasil, Alemanha, Índia, Rússia e Austrália – cada uma composta pelo que já foram colônias ou estados separados.

Foram os Estados Unidos que criaram o primeiro governo federativo moderno do mundo, em 1787. O Congresso (a assembleia federal dos Estados Unidos) divide seu poder entre os cinquenta estados do país (por exemplo, Califórnia, Nova York e Texas). Esses estados têm uma autonomia considerável, ou controle, sobre como eles governam, que foi negociada com o Congresso a fim de preservar suas liberdades individuais, interesses e diversidade.

A criação de escolas locais é um dos exemplos de uma área política sobre a qual os estados individuais dos Estados Unidos têm controle final. Outro é a lei e a ordem: alguns estados permitem a pena de morte para crimes graves, outros não. Algumas políticas são coordenadas com o governo federal, incluindo tributação, regulamentação comercial, direitos civis e meio ambiente, enquanto o governo federal tem controle final sobre áreas-chave como forças armadas, política externa e declaração de guerra, acordos comerciais internacionais, serviço postal e emissão de dinheiro.

QUEM ESTÁ NO COMANDO?

Sob a Constituição dos Estados Unidos, que estabelece as leis

Tribunal de Justiça, mas não é um "superestado" federal unificado – os membros da UE mantêm o poder de alterar seus tratados.

ESTADOS UNITÁRIOS

Em um estado unitário (governado como um poder único, não como uma federação), o governo nacional central detém toda a autoridade política, e o governo regional opera sob seu controle. Leis são criadas pelo governo central e aplicadas a toda a nação e seus cidadãos. Um exemplo de Estado unitário é o Reino Unido, formado por quatro países: Inglaterra, Escócia, País de Gales e Irlanda do Norte. Seu governo central transfere autoridade para as regiões para permitir que realizem certas tarefas, mas ainda mantém controle direto sobre elas e pode decidir tomar de volta esses poderes.

POLÍTICA LOCAL

Qualquer que seja a divisão do poder entre um governo nacional e as regiões de um país, grande parte da vida cotidiana é gerida de forma mais local, nas cidades grandes e pequenas e nos distritos rurais. Os políticos e conselhos locais são eleitos pelos moradores para supervisionar as necessidades do dia a dia, tais como coleta de lixo, abastecimento de água e serviços de emergência. Algumas questões, como planejamento urbano e transporte, podem ser coordenadas pelos governos local, regional e nacional.

Esse processo multinível oferece ao povo mais controle sobre as decisões que afetam sua vida. Políticos locais também atuam em assembleias regionais e nacionais, nas quais as necessidades locais podem levar a decisões maiores que ajudam a nação como um todo.

abrangentes que governam o país, o Congresso é o mais alto poder legislativo. Estados individuais são obrigados por lei a cumprir decisões federais – se um estado propõe algo que contradiz a lei federal, o Congresso pode anular a decisão. Mas um estado também pode bloquear a legislação federal recusando-se a ratificá-la. Esse sistema dá aos estados liberdade para organizarem sua própria política de decisões, mas também pode causar conflito entre o governo federal e os governos estaduais. Nos Estados Unidos, por exemplo, a negociação entre o governo central e os regionais é um aspecto fundamental do federalismo, e ajuda o governo nacional e os regionais a coexistirem.

O mesmo vale para uma confederação – um grupo de nações que se reúnem para chegar a um acordo sobre questões que afetam a todas elas. Após a Segunda Guerra Mundial, por exemplo, foi criado o que agora é chamado de União Europeia (UE) para negociar acordos econômicos pacíficos e cooperação política entre as nações-membro. A UE tem algumas instituições federais, como um Parlamento e um

Estado e sociedade

> "Vestir a roupa da legitimidade é o primeiro objetivo de todo golpe."
> BARBARA W. TUCHMAN (1912–1989)
> Historiadora e escritora norte-americana

UM GOLPE DE ESTADO é...

A TOMADA À FORÇA DE UM GOVERNO POR UM PEQUENO GRUPO DE PESSOAS QUE DETÉM AUTORIDADE POLÍTICA OU MILITAR

VEJA TAMBÉM:

← **A Revolução Francesa**
páginas 18-19

← **Democracia**
páginas 32-33

→ **Revolução**
páginas 120-121

O termo "golpe de estado" (do francês *coup d'état*) refere-se a um governo sendo derrubado – de forma ilegal e muitas vezes violenta – por um grupo político ou militar de oposição.

CONFISCANDO O PODER

Um golpe (forma abreviada para golpe de estado) é um ato inconstitucional, que quebra regras acordadas sobre como um país é governado. A principal característica de um golpe é que o poder é tomado a partir de cima – por pessoas que já possuem algum poder – em vez de trocar de mãos com a concordância do povo, em um processo democrático. Em um golpe, a mudança geralmente acontece com o uso da força física ou da ameaça de violência e pode resultar na substituição do governo existente pelas forças armadas ou por um ditador (um governante com poder total sobre um país). Ao contrário de um golpe dado a partir de cima, uma revolução é um levante em massa do povo, que busca garantir mudanças radicais na forma como um país é organizado, de cima para baixo.

DOMÍNIO MILITAR

Não foi esse objetivo que inspirou a onda de golpes que derrubaram governos na América do Sul e Central durante a Guerra Fria, da década de 1950 em diante, quando as potências ocidentais temiam a disseminação global do comunismo. Em 1964, por exemplo, as forças armadas brasileiras derrubaram o governo de João Goulart. Após o golpe de estado, os militares passaram a presidir o país, inaugurando uma ditadura de direita que duraria até 1985. Durante 21 anos, o Estado brasileiro foi responsável por graves violações aos direitos humanos. No entanto, nunca houve qualquer punição aos responsáveis.

Golpes também derrubaram muitos governos pós-coloniais em países africanos, alguns deles repetidamente. Mais de oitenta golpes de estado bem-sucedidos ocorreram nos 48 Estados da África Subsaariana, desde que conquistaram a independência. Ainda em 2017, militares do Zimbábue expulsaram Robert Mugabe do poder, no que insistiram não ser uma tomada militar do poder, mas que foi claramente um golpe.

PODERES EMERGENCIAIS

Durante uma crise que ameaça o Estado e a vida do povo, um governo democrático pode exercer seu direito de agir fora da constituição, usando o que é conhecido como "poderes de emergência". Em tempos de guerra, desastre natural ou ameaça da democracia, como um ato de terrorismo, a constituição pode ser suspensa e substituída por esses poderes temporários. Nos Estados Unidos, por exemplo, o presidente tem o poder de declarar uma "emergência nacional" e então exceder muitos dos limites de sua autoridade legal para tomar atitudes como fechar fronteiras. No entanto, esses poderes expiram após um ano e devem ser justificados ao Congresso em seis meses.

ABUSO DE PODER

Em um golpe, os militares ou outro grupo podem abusar desses poderes de emergência para assumir o controle. Suspender a constituição que estabelece as regras e poderes do governo e agir fora da lei dá aos líderes do golpe poder para agir como bem entenderem. Silenciar a mídia, deter cidadãos sem julgamento e proibir viagens – tudo isso e muito mais pode ser feito sob o pretexto de "proteger" o povo ou "restaurar a estabilidade" e, na realidade, para suprimir a oposição.

Mesmo com proteção legal, é arriscado suspender uma constituição sob poderes de emergência: em vez de proteger os cidadãos, isso pode levar à perda de direitos. Levando em consideração que o uso dos poderes de emergência na década de 1930 deu origem a Adolf Hitler e ao Holocausto, a Alemanha do pós-guerra definiu o uso desse recurso, mas está determinada a não o invocar novamente.

O povo no PODER

LIBERDADE DE EXPRESSÃO é...

A MÍDIA é...

ATIVISMO é...

Che Guevara

AMBIENTALISMO é...

Greve do clima

FEMINISMO é...

VOTO PARA AS MULHERES

MULTICULTURALISMO é...

TERRORISMO é...

REVOLUÇÃO é...

A Primavera Árabe

COMO POSSO ME ENVOLVER?

Como posso me envolver?

Somos confrontados com escolhas todos os dias: podemos escolher entre nos manifestarmos sobre um tema que nos preocupa ou decidir não agir.

Quando nos manifestamos, talvez não consigamos mudar o mundo, mas podemos fazer a diferença. O poder do povo funciona! Se queremos desafiar uma loja local a reduzir o uso de plástico ou fazer uma campanha para que um governo aprove uma lei, existem muitas maneiras pelas quais podemos expressar nossas opiniões e sermos ouvidos. Podemos nos juntar a um grupo de pressão, a uma marcha de protesto ou a um partido político. Podemos assinar uma petição, postar uma hashtag, boicotar uma organização ou votar em uma eleição. A política está em toda parte, e todas essas ações são políticas. Além disso, com o crescimento do ativismo on-line entre pessoas de países muito diversos, podemos fazer a diferença na política global, não apenas em nossas comunidades locais.

QUERO FAZER A DIFERENÇA!

COMO CONSIGO QUE O MEU POLÍTICO LOCAL OUÇA?

EU APOIO A DIVERSIDADE, MAS O MULTICULTURALISMO FUNCIONA?

QUALQUER PESSOA PODE SER FEMINISTA?

AINDA ACONTECEM REVOLUÇÕES?

DEVEMOS TER PERMISSÃO PARA EXPRESSAR QUALQUER OPINIÃO?

PODEMOS CONFIAR NO QUE LEMOS NAS MÍDIAS SOCIAIS?

O povo no poder

> "Se liberdade significa alguma coisa, é o direito de dizer às pessoas o que elas não querem ouvir."
> GEORGE ORWELL (1903-1950)
> Escritor e jornalista britânico

LIBERDADE DE EXPRESSÃO é...

O DIREITO DE EXPRESSAR OPINIÕES SEM RESTRIÇÃO, RETALIAÇÃO OU CENSURA DO GOVERNO

VEJA TAMBÉM:

← **Democracia**
páginas 32-33

← **Ascensão de Hitler ao poder**
páginas 62-63

← **Direitos humanos**
páginas 76-77

→ **A mídia**
páginas 102-103

A liberdade de expressão é um ideal que remonta à Grécia Antiga, quando cidadãos da democracia ateniense (507-322 a.C.) eram livres para discutir política abertamente. O direito à liberdade de expressão também foi uma demanda importante defendida na Revolução Francesa de 1789. Em 1948, a Organização das Nações Unidas (ONU) criou uma Declaração Universal dos Direitos Humanos, que dizia: "Todo ser humano tem direito à liberdade de opinião e de expressão". A maioria das nações democráticas concorda que o livre discurso se aplica a todos os meios de comunicação, conforme estipulado pela ONU. Hoje, a internet, com mais de 4,5 bilhões de usuários, garante uma ampla plataforma de expressão, mas também cria novos desafios em relação a como a sociedade debate e se existe uma linha além da qual o discurso controverso não é aceitável.

O PRINCÍPIO DO DANO

O filósofo inglês do século XIX, John Stuart Mill, escreveu sobre "o princípio do dano", afirmando que a liberdade de expressão que causa danos aos outros não é verdadeiramente livre – é uma ilusão de liberdade. No mundo moderno, um exemplo muito citado de como a liberdade de expressão pode ser prejudicial é a "trollagem" on-line. *Troll* é um termo coloquial para descrever uma pessoa que começa discussões na internet com o objetivo de provocar indivíduos ou grupos – são agressores que se escondem atrás do anonimato (também chamados de *haters*). O "discurso de ódio" deles pode estimular hostilidades que intimidem ou silenciem as vozes de suas vítimas.

ATAQUE OFENSIVO

Em 7 de janeiro de 2015, em Paris, dois atiradores islâmicos extremistas entraram na sede do *Charlie Hebdo*, uma revista satírica francesa que ridiculariza assuntos de natureza política ou social. Os atiradores assassinaram doze funcionários da revista. O ataque foi em represália ao *Charlie Hebdo* pela publicação de charges com o profeta Maomé, cuja representação é proibida em muitas interpretações do Islã. O ataque foi condenado mundialmente por sua violência, mas abriu um debate sobre se certo tipo de liberdade de expressão deve ser limitado por lei por ser provocativa ou ofensiva a algumas pessoas.

CENSURA

A censura é o processo de impor restrições e regulamentos sobre o direito de uma pessoa à liberdade de expressão. Pode ser visto como um controle da liberdade pessoal, mas algumas pessoas consideram a censura necessária para proteger os direitos humanos da comunidade em geral. Um exemplo disso pode ser a censura de informações sigilosas pelo Estado, que são mantidas em segredo, sem dúvida no interesse da segurança da população. Outro tipo de censura foi estimulado pelo ataque terrorista de 2019 a uma mesquita em Christchurch, na Nova Zelândia. O suposto manifesto racista e anti-imigração do terrorista foi publicado on-line no momento dos ataques, mas desde então foi declarado censurado pelo censor-chefe da Nova Zelândia, o que significa que sua posse ou distribuição é ilegal. Em algumas circunstâncias, a censura do Estado é levada muito além. Em países como a China, o governo regula firmemente o conteúdo da internet, para limitar o acesso das pessoas a informações que possam comprometer sua autoridade. Na Coreia do Norte, não há mídia livre e as pessoas não têm permissão para expressar opiniões críticas ao líder Kim Jong-un.

CONTROVÉRSIA

Os defensores do livre discurso afirmam que é vital que todos tenham voz para garantir um debate saudável. Eles também acreditam que a censura pode ser contraproducente, levando as pessoas a expressarem suas opiniões de formas ocultas ou violentas. Os Estados Unidos são contra a proibição do discurso de ódio, citando a Primeira Emenda de sua Constituição. Na Alemanha, no entanto, onde os nazistas assumiram o poder na década de 1930 através de uma retórica nociva, o discurso de ódio pode levar a uma sentença de prisão. O conceito de liberdade de expressão está sendo constantemente desafiado, debatido e atualizado.

> "No momento em que não tivermos mais uma imprensa livre, qualquer coisa pode acontecer."
> **HANNAH ARENDT (1906–1975)**
> Teórica política germano-americana

A MÍDIA é...

AS MUITAS FORMAS DE COMUNICAÇÃO DE MASSA QUE MANTÉM O POVO INFORMADO E COBRA RESPONSABILIDADE DOS QUE ESTÃO NO PODER.

VEJA TAMBÉM:

← **Democracia**
páginas 32-33

← **Ascensão de Hitler ao poder**
páginas 62-63

← **Populismo**
páginas 64-65

← **Liberdade de expressão**
páginas 100-101

A mídia desempenha um papel vital na política. Em uma democracia, ela informa as pessoas dos fatos a respeito de uma ampla gama de questões, e garante um veículo para que todas as vozes sejam ouvidas. Isso ajuda a cobrar dos políticos suas reponsabilidades.

INFLUÊNCIA POLÍTICA

No século xx, a mídia se expandiu dos jornais para o rádio, o cinema e a televisão. A mídia impressa e de difusão se tornou conhecida como "mídia de massa", e passou a desempenhar um papel crescente na política porque alcançava grandes audiências.

Onde há uma imprensa livre, a mídia é livre para reportar todas as notícias e eventos em andamento e pode expressar opiniões, mesmo que estas critiquem o governo. Uma mídia sem restrições pode desafiar líderes, sondar políticas e decisões governamentais e expor a corrupção ou o comportamento antiético de políticos. As reportagens investigativas, em particular, podem desencavar fatos que os governos tentam esconder, como as atrocidades realizadas pelos militares dos Estados Unidos na guerra do Vietnã (1955-1975), que foram expostas pelo jornalista americano Seymour Hersh, em 1969. Denúncias como essa podem moldar as ações de uma nação.

A mídia sempre foi usada pelos políticos para manipular a opinião pública. Quando não é livre, pode ser uma poderosa ferramenta de propaganda e controle. Em 1933, o regime nazista, na Alemanha, usava o rádio, os jornais, as revistas e os cinejornais (filmes de notícias mostrados nos cinemas) para alimentar o medo de uma revolta comunista. Depois, usava os temores do público para tomar medidas políticas que erradicavam as liberdades civis e a democracia.

A mídia é...

NOVAS MÍDIAS

No passado, uma notícia poderia levar horas ou dias para alcançar o público. Hoje, a internet espalha informações instantaneamente, o que alterou radicalmente a forma como o povo se envolve com a política. A maioria das pessoas agora se informa com notícias on-line. Embora essa informação possa vir das versões digitais da mídia tradicional, é cada vez mais comum que venha de plataformas de mídia social como Facebook e Twitter. Por isso, políticos de todo o mundo vêm investindo pesadamente nas mídias sociais, usando-as para confirmar suas crenças políticas, para se promover e para obter apoio durante as eleições. Defensores das mídias sociais sugerem que o compartilhamento de notícias nessas plataformas levou a um aumento do diálogo entre os políticos e o eleitorado. No entanto, a ascensão da internet levou também à preocupação de que a informação publicada on-line – dissociada da ética jornalística que, até certo ponto, governa a mídia impressa e a de difusão – está se tornando cada vez mais sensacionalista e tendenciosa. Além disso, os fóruns da internet podem criar "câmaras de eco" que confirmam preconceitos de suas audiências, acrescentando instabilidade às comunicações.

FAKE NEWS

Uma das principais preocupações a respeito de notícias não regulamentadas on-line é o crescimento das *fake news* (notícias falsas). O termo se refere à manipulação de fatos e à desinformação que podem se espalhar rapidamente através das plataformas de mídia social e influenciar os pontos de vista das pessoas. Uma vez estabelecidas na mente coletiva, essas *fake news* são difíceis de contradizer, mesmo quando se provam falsas.

Em 2018, o Brasil elegeu um novo presidente, o populista de extrema direita Jair Bolsonaro. Durante sua campanha eleitoral, uma campanha de desinformação via WhatsApp (o aplicativo de mensagens de propriedade do Facebook) espalhou histórias falsas e prejudiciais sobre seu oponente de esquerda. Essas *fake news* tiveram um papel importante na vitória do regime reacionário de Bolsonaro. Também há alegações de que alguns Estados autoritários, como a China e a Rússia, manipularam a mídia para desestabilizar democracias no exterior.

Em meio à sobrecarga de informações on-line, há crescentes pedidos de autorregulamentação pelas empresas de internet. Hoje, é mais importante do que nunca contar uma história confiável e relevante. Ao mesmo tempo, cada vez mais escolas estão ensinando os alunos a conhecer e a saber usar a mídia, o que os ajudará a distinguir fato de ficção e a reconhecer parcialidades na mídia.

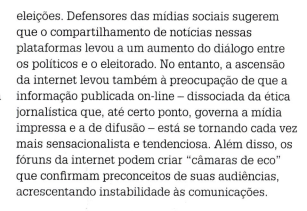

O povo no poder

> "Nossas vidas começam a terminar no dia em que permanecemos em silêncio sobre coisas que importam."
>
> MARTIN LUTHER KING JR. (1929-1968)
> Pastor batista norte-americano e ativista dos direitos civis

ATIVISMO é...

O USO DE AÇÃO DIRETA PARA DESTACAR UM ASSUNTO A FIM DE CONSEGUIR MUDANÇA SOCIAL OU POLÍTICA

VEJA TAMBÉM:

Direitos humanos
páginas 76-77

Liberdade de expressão
páginas 100-101

Greve do clima
páginas 110-111

A história foi moldada por aqueles que assumiram uma posição e lutaram por mudança. Algumas das maiores mudanças na sociedade são resultado do ativismo – a mobilização direta de indivíduos ou grupos para lutar por causas que defendiam com paixão.

PROBLEMAS URGENTES

É possível agir para apoiar causas locais, nacionais ou internacionais. Um exemplo de um problema local pode ser o fechamento de um hospital, o que afeta a qualidade de vida de uma comunidade. O ativismo local pode envolver escrever cartas para políticos, bater de porta em porta, comparecer a reuniões públicas ou distribuir folhetos. A nível nacional, as pessoas podem se manifestar sobre questões como impostos, corrupção, ou ainda sobre a decisão de um país de ir à guerra. Elas se juntam a marchas, a greves, ou assinam petições para expressar suas opiniões. As questões globais que preocupam as pessoas hoje são a desigualdade de gênero, o racismo e as mudanças climáticas. Algumas manifestações às vezes ocorrem no mesmo dia em vários locais em todo o mundo.

GRUPOS ATIVISTAS

Muitos ativistas são voluntários que se juntam a grupos de interesse ou de pressão – organizações que administram campanhas e lobbys governamentais para influenciar as leis que serão aprovadas. Em grupos internacionais como a organização ambiental World Wide Fund for Nature, ou o órgão de direitos humanos Anistia Internacional, voluntários trabalham em conjunto com funcionários pagos para tentar alcançar os objetivos gerais.

LIBERDADE DE REUNIÃO

Por séculos, em momentos de descontentamento civil, as pessoas foram às ruas para exigir mudança. Em 1983, milhões de apoiadores da Campanha pelo Desarmamento Nuclear (CND) se manifestaram contra o envio de mísseis nucleares norte-americanos para locais na Europa Ocidental durante a corrida armamentista entre os Estados Unidos e a União Soviética. Mais recentemente,

em 2018, o movimento ambiental *Extinction Rebellion* (XR), ou Rebelião da Extinção defendeu a desobediência civil não violenta para instar os governos a responderem à crise climática. Em Londres, alguns manifestantes bloquearam o tráfego e outros se colaram a um trem.

CONFRONTOS VIOLENTOS

A maioria dos países democráticos considera a liberdade de reunião, que é o direito dos indivíduos de se reunirem e protestarem junto com os outros, como parte dos direitos humanos. No entanto, muitos governos, especialmente em estados autoritários, colocam limites no direito do povo ao protesto, se os protestos forem vistos como uma ameaça ao poder deles. Os governos também podem impedir manifestações se temerem a violência, mas uma reação agressiva pode tornar a violência ainda pior. Por exemplo, em Hong Kong eclodiram confrontos entre manifestantes e a polícia durante manifestações contra o governo em 2019.

ATIVISMO ON-LINE

Hoje, as mídias sociais permitem que os ativistas se reúnam em grande número rapidamente. No chamado "ativismo por hashtag", as pessoas usam hashtags do Twitter (#) para expressar suas opiniões e assinar petições on-line, escrevem em blogs políticos, fazem lobby junto aos governos mandando e-mails e começam campanhas nas mídias sociais – e tudo isso rapidamente levanta questões na consciência do público. Durante os protestos de setembro de 2019, exigindo ação contra as mudanças climáticas, muitos estudantes faltaram às aulas na escola para participar. E então postaram sobre isso nas mídias sociais, atraindo mais pessoas para o movimento.

Che Guevara
1928–1967

O revolucionário marxista Ernesto "Che" Guevara foi um médico argentino que se comprometeu ferozmente com a causa socialista na América latina da década de 1950. Guevara juntou-se ao exército rebelde do lendário líder cubano Fidel Castro e lutou na guerrilha que derrubou a ditadura então vigente em Cuba. No governo recém-formado de Castro, Guevara tornou-se não apenas uma figura poderosa em Cuba, mas um ícone mundialmente famoso da esquerda.

> "A revolução não é uma maçã que cai quando está madura. É preciso fazê-la cair."

Consciência crescente

Nascido em uma família de classe média em Rosário, na Argentina, Che Guevara estudou Medicina em Buenos Aires. Ainda quando estudante, viajou de moto através das Américas do Sul e Central, onde a pobreza generalizada e a desigualdade o enfureceram. Na Guatemala, onde testemunhou um golpe militar apoiado pelos Estados Unidos destruir as esperanças de uma reforma agrária muito necessária, Guevara se convenceu de que apenas a força levaria à justiça. Em 1954, ele encontrou uma causa que mudou o curso de sua vida quando conheceu o revolucionário cubano Fidel Castro, e seu irmão Raúl, na cidade do México. Eles compartilhavam dos mesmos ideais e tramaram para derrubar o ditador de Cuba, Fulgencio Batista, lançando seu primeiro ataque com uma pequena força de guerrilha transportada via barco.

Che, o rebelde lutador

Durante a guerrilha que se seguiu, na Sierra Maestra, em Cuba, Guevara – agora apelidado de "Che" – transformou-se em um lutador implacável e em um estrategista habilidoso. Em 1959, os rebeldes assumiram o controle do país, fazendo de Cuba um Estado socialista com Castro como presidente. Che ocupou vários cargos no governo.

Fim violento

Em 1965, desencantado com o estreitamento dos laços entre Cuba e a União Soviética, Che partiu para novas revoluções. Em uma tentativa de golpe na Bolívia, ele foi capturado pelo exército e executado a tiros em 9 de outubro de 1967. Che Guevara tinha 39 anos. Em 1997, foram encontrados na Bolívia corpos que se imagina serem de Che e dos guerrilheiros que morreram com ele. Os corpos foram levados para Cuba e enterrados em Santa Clara, com as honras de um grande memorial.

Che e Castro
Assessor de confiança de Fidel Castro (à direita), Che Guevara foi um herói da vitoriosa Revolução Cubana, em 1959. Ele foi uma figura-chave no governo de Castro por um tempo, mas no meio dos anos 1960 deixou Cuba para lutar em outras guerras.

Garoto-propaganda

Essa fotografia icônica de Che Guevara, tirada em 1960 e intitulada "Guerrilheiro heroico", ainda é um símbolo poderoso da revolução. Impressa em cartazes e reproduzida em massa em itens como camisetas, a imagem já vendeu milhões.

> "Não pode haver plano B, porque não há planeta B."
> **BAN KI-MOON (1944-)**
> Ex-Secretário-geral das Nações Unidas

AMBIENTALISMO é...

UM MOVIMENTO POLÍTICO, SOCIAL E ÉTICO QUE BUSCA PROTEGER O MEIO AMBIENTE DOS DANOS CAUSADOS PELA ATIVIDADE HUMANA

VEJA TAMBÉM:
← **Ativismo**
páginas 104-105
→ **Greve do clima**
páginas 110-111
→ **Organizações internacionais**
páginas 146-147

À medida que a Terra se aproxima de totalizar uma população de oito bilhões de pessoas, há hoje um consenso de que a atividade humana está mudando o clima. Um dos principais sistemas de suporte à vida na Terra, o clima determina se os seres humanos e outras espécies vegetais e animais podem ou não viver no planeta. Essas e outras questões ambientais frequentemente relacionadas – como poluição, resíduos plásticos e ameaças à biodiversidade – colocaram o ambientalismo no topo da agenda política.

DIVISOR DE ÁGUAS
O movimento ambiental de hoje cresceu a partir da publicação do livro *Primavera silenciosa*, em 1962, escrito pela bióloga norte-americana Rachel Carson. Nele, Carson expôs os efeitos danosos do pesticida químico DDT na vida vegetal e animal. O livro representou um divisor de águas, fazendo conexões entre poluição e saúde pública, e promovendo a conscientização e preocupação do público com o meio ambiente. Carson mostrou que os humanos e o resto do mundo natural eram parte de um único ecossistema (uma rede de organismos vivos). Ao fazer isso, a autora deixou claro que as pessoas tinham que pensar ecologicamente.

POLÍTICA VERDE
Na década de 1970, alguns ambientalistas achavam que as questões ambientais só poderiam ser tratadas dentro de uma perspectiva político-econômica. O primeiro partido "verde" do mundo, o Grupo Unido da Tasmânia, foi formado em 1972 para se opor à construção de uma barragem na Austrália. Desde 1993, *Die Grünen* (os Verdes, na Alemanha) forçam as políticas verdes a ocuparem ainda mais o centro das atenções, entrando na política eleitoral e conseguindo cadeiras no Parlamento alemão. Surgiram partidos verdes em outros

países para apoiar a conservação e o meio ambiente e eles acabaram se unindo em uma rede internacional de partidos e movimentos políticos. Eles são geralmente considerados como à esquerda do espectro político e tendem a defender a não violência, a justiça social e a democracia de base (ação de todos). Agora uma força estabelecida na política, os partidos verdes ainda não tiveram o poder de fazer as mudanças profundas que os ambientalistas exigem.

QUESTÕES DO TAMANHO DO PLANETA

O ritmo alarmante das mudanças climáticas, combinado à degradação do meio ambiente pelo desmatamento e pela poluição do ar, por exemplo, colocaram a política verde em primeiro plano. Especialistas alertam que, se não forem tomadas medidas para proteger o planeta, haverá mais desastres naturais como inundações, secas, tempestades tropicais e incêndios florestais.

Em 2015, a ameaça das mudanças climáticas tornou-se tão imediata que os líderes mundiais se reuniram em Paris, na França, para fechar um acordo para reduzir a emissão de gases de efeito estufa, que retêm o calor na atmosfera da Terra. As negociações foram difíceis, já que países em desenvolvimento (do terceiro mundo), como a Índia, argumentaram que as nações desenvolvidas (do primeiro mundo) devem assumir a responsabilidade por suas emissões históricas, e contribuir com fundos e com novas tecnologias para os países em desenvolvimento. Apesar disso, a maioria das 197 nações adotou o primeiro acordo de clima global juridicamente obrigatório, o Acordo de Paris. Desde então, muitos ambientalistas acusaram líderes mundiais de serem lentos demais para cumprirem as metas do acordo.

CHAMADA À AÇÃO

Fora da política partidária, o ativismo ambiental se refere à união de vários grupos e organizações que colaboram nos campos social, científico, político e de conservação para abordar preocupações ambientais. Grupos de pressão e de lobby, como o Amigos da Terra (formado em 1969) e o Greenpeace (de 1971), defendem uma nova legislação e mantêm as questões ambientais nas manchetes dos jornais.

Jovens ativistas também apelaram aos líderes mundiais para que façam mais em relação às questões ambientais, e o mundo está prestando atenção. Inspirados pela ativista adolescente Greta Thunberg, da Suécia, os jovens se tornaram politicamente engajados e inspirados a mudar o próprio comportamento para proteger o meio ambiente. Os indivíduos desistiram de esperar que os governos ajam. Eles estão usando menos plástico descartável, reduzindo o desperdício e viajando com responsabilidade, para tentar garantir que as próximas gerações e o planeta tenham um futuro seguro.

GREVE DO CLIMA
desde AGOSTO DE 2018

Quando Greta Thunberg, com quinze anos à época, sentou-se do lado de fora do Parlamento sueco para protestar contra as mudanças climáticas em vez de ir para a escola, sua greve solitária tornou-se viral, aumentou a conscientização e desencadeou um movimento da juventude global.

Greta Thunberg ficou horrorizada com a falta de ação das pessoas em relação às mudanças climáticas. Quando fez sua primeira *Skolstrejk för klimatet* ("Greve escolar pelo clima") em uma sexta-feira de agosto de 2018, seu objetivo era pressionar o governo sueco para que cumprisse suas obrigações em relação ao Acordo de Paris – que foi um conjunto de metas acordadas por 197 países em 2016 para impedir que a temperatura global subisse mais de 2°C acima dos níveis registrados no século XIX, antes da Revolução Industrial. Um aumento catastrófico desses agora é visto como uma emergência climática em potencial.

Inspirados pela determinação e pela ação positiva de Thunberg, jovens de todo o mundo faltaram à escola e começaram suas próprias greves climáticas, postando fotos nas mídias sociais com as hashtags #Fridaysforfuture (#sextapelofuturo) e #Climatestrike (#grevedoclima). Em setembro de 2019, cerca de seis milhões de pessoas em 150 países participaram da primeira Semana Global para o Futuro, uma série de greves do clima.

Thunberg e outros ativistas argumentam que, embora sua educação seja importante, não faz sentido ir à escola se o planeta não tem futuro. Eles precisam que os adultos, e especialmente os líderes globais, prestem atenção e tomem uma atitude.

Preocupação global
Jovens ativistas em Kiev, na Ucrânia, exigem ações em relação ao aquecimento global, em setembro de 2019, como parte dos protestos, na Semana Global para o Futuro.

O povo no poder

> "Uma feminista é alguém que reconhece a igualdade e a plena humanidade de homens e mulheres."
>
> **GLORIA STEINEM (1934-)**
> Ativista política norte-americana e feminista da segunda onda

FEMINISMO é...

UM MOVIMENTO DE LUTA POR DIREITOS E OPORTUNIDADES IGUAIS PARA AS MULHERES

VEJA TAMBÉM:

← **Direitos humanos**
páginas 76-77

← **Sufrágio**
páginas 88-89

← **Ativismo**
páginas 104-105

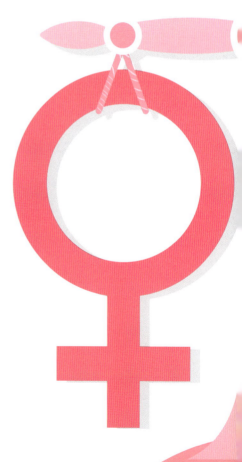

O feminismo é um movimento político e social que desafia o modo como as meninas e mulheres são tratadas por serem do sexo feminino. A história feminista é frequentemente descrita em "ondas". Até o fim do século XIX, a maioria das mulheres não recebia educação escolar e era incapaz de votar; sua propriedade ou seus ganhos geralmente pertenciam aos pais ou maridos. Na primeira onda do feminismo, no século XIX e início do século XX, sufragistas lutaram pelos direitos das mulheres de possuírem propriedade e de votar. A Nova Zelândia foi o primeiro país a permitir que as mulheres votassem, em 1893.

NÃO SÓ O VOTO

A segunda onda do feminismo, que teve seu auge nas décadas de 1970 e 1980, se refere ao Movimento de

Liberação das Mulheres, que pressionou por reformas adicionais, como igualdade de gênero na remuneração e liberalização das leis de divórcio. A segunda onda também buscou dar às mulheres mais controle sobre seus corpos, defendendo maior acesso à pílula anticoncepcional, e se empenhou em proteger as mulheres da violência doméstica. A segunda onda do feminismo chamou atenção para a ideia de que a sociedade tem sido historicamente um patriarcado – uma sociedade em que os homens detêm o poder, seja dentro da família, do governo, do trabalho, na educação ou nas religiões – e que essa política de poder sexista influencia muitos aspectos da vida das mulheres.

Em 1979, uma convenção internacional da ONU exigiu que as nações concordassem em acabar com a discriminação contra as mulheres em todas as formas, por mais que, na prática, tenha se provado difícil fazer cumprir essa determinação. Embora a igualdade de gênero tenha feito progressos significativos em alguns países, em outros, particularmente em regiões menos desenvolvidas, as mulheres ainda lutam por direitos básicos.

AMPLIANDO O APELO

A partir dos anos 1990, a terceira onda do feminismo questionou e redefiniu ideias sobre estereótipos de gênero, feminilidade e sexualidade. Nesse momento, o feminismo procurou ampliar seu apelo a mulheres de todas as origens culturais e incentivá-las a definirem o que o feminismo significava para cada uma, pessoalmente. A terceira onda defendeu a ideia de que todas as mulheres podiam ser assertivas e controlar seus destinos, sendo resumida pela expressão dos anos 1990 "girl power".

FEMINISMO MODERNO

Uma quarta onda do feminismo surgiu no início dos anos 2010. Ela aumentou a conscientização sobre agressão, assédio e *body-shaming* – fazer comentários críticos sobre o corpo de uma pessoa. É um momento caracterizado pelo uso das hashtags para fazer ativismo pela internet. O projeto Everyday Sexism, da escritora inglesa Laura Bates (de 2012), era um fórum aberto onde as mulheres poderiam postar suas experiências de assédio. Milhares de mulheres de todo o mundo participaram. O uso das mídias sociais aumentou a mobilização feminista, através de textos e vídeos virais..

Em 2017, mais de oitenta mulheres acusaram de assédio o produtor de filmes norte-americano Harvey Weinstein. Em resposta, a atriz norte-americana Alyssa Milano sugeriu que quem tivesse sido "assediada ou agredida sexualmente" deveria responder ao tweet dela com "#MeToo", ressuscitando um movimento iniciado em 2006 pela ativista americana Tarana Burke. Meio milhão de mulheres responderam nas primeiras 24 horas, expondo a extensão do assédio sexual em todo o mundo. Em parte devido a esse ativismo, a França fez do assovio às mulheres na rua uma ofensa passível de punição e, em 2018, o Parlamento Europeu convocou uma sessão especial sobre assédio sexual.

VOTO PARA AS MULHERES
Outubro de 1903–agosto de 1914

Em 1903, após décadas de campanha pacífica, porém infrutífera, pelo direito de voto das mulheres, surgiu na Grã-Bretanha uma nova organização militante pelo sufrágio das mulheres. Esse grupo teve um papel importante na conquista do voto feminino.

Fundada por Emmeline Pankhurst e por suas filhas, Christabel e Sylvia, a União Social e Política das Mulheres (WSPU) era diferente de outras organizações pelo sufrágio que durante meio século fizeram campanha pelo voto feminino por meios legais. As sufragistas, em geral, usavam petições e cartas para alcançar seu objetivo, mas com pouco sucesso.

Em contraste a isso, a WSPU declarou guerra ao Parlamento masculino, determinada a conquistar o direito ao voto, como Pankhurst disse, "por qualquer meio possível" – mesmo que isso significasse ir contra a lei. Apelidadas de "*suffragettes*", as mulheres da WSPU adotaram táticas ousadas, como encorajar suas ativistas a invadirem o Parlamento. De 1905 a 1914, as *suffragettes* raramente ficavam fora dos noticiários, e transformaram o sufrágio feminino em uma questão política importante.

A resposta foi brutal. Mulheres foram atacadas e milhares foram presas. Algumas fizeram greve de fome, apenas para serem cruelmente alimentadas à força. Em 1913, o movimento teve sua primeira mártir: Emily Wilding Davison morreu depois de ser pisoteada pelo cavalo de corrida do rei, ao correr pela pista de corrida no Derby de Epsom com uma faixa onde se lia "voto para as mulheres". A militância foi interrompida quando estourou a Primeira Guerra Mundial, em 1914, mas algumas mulheres conseguiram o direito ao voto em 1918.

A prisão de Emmeline Pankhurst em uma marcha em 1914
As *suffragettes* invadiram propriedades e organizaram manifestações pelo sufrágio e foram recebidas com brutalidade policial.

"Não estamos aqui porque somos infratoras da lei; estamos aqui em um esforço para passarmos a fazer as leis."

EMMELINE PANKHURST (1858-1928)
Líder da União Social e Política das Mulheres

 O povo no poder

> "Eu defino integração... como oportunidades iguais, acompanhada por diversidade cultural, em uma atmosfera de tolerância mútua."
> ROY JENKINS (1920-2003)
> Político britânico

MULTICULTURALISMO é...

UMA POLÍTICA QUE VISA A APOIAR AS DIFERENTES IDENTIDADES E CULTURAS DENTRO DE UMA SOCIEDADE

VEJA TAMBÉM:
← **Direitos humanos**
páginas 76-77
→ **Nacionalismo**
páginas 132-133
→ **Globalização**
páginas 142-143

A população da maioria dos países modernos compõe-se de pessoas de diversas culturas e origens. Ao longo dos séculos, conforme as pessoas se mudavam de um lugar para o outro em busca de melhores oportunidades econômicas, ou para escapar de uma guerra ou de um desastre natural, ou ainda por causa do trabalho forçado (escravidão), as sociedades se tornaram mais múltiplas. O multiculturalismo como política tenta lidar com os desafios de construir uma sociedade estável, que incorpora muitas identidades diferentes.

MESCLANDO-SE

Historicamente, os migrantes eram encorajados a se integrar à cultura dominante da nova nação. Nos anos 1800, milhões de europeus se mudaram para os Estados Unidos em busca de uma vida melhor. Esperava-se que assimilassem o grande "caldeirão" da cultura norte-americana, ou se misturassem a ele, para construir uma nação unificada. A política de assimilação foi justificada com o argumento de que, de acordo com o ideal liberal, todos devem ser tratados igualmente, sem que qualquer grupo em particular receba tratamento especial. Críticos da assimilação argumentam que ela tem sido usada para suprimir culturas minoritárias.

TIGELA DE SALADA

Mais recentemente, ganhou impulso a ideia de que uma nação prospera se seus grupos minoritários forem capazes de preservar suas tradições, seu idioma e sua cultura. O Canadá, que há séculos tem falantes de inglês e de francês e que atraiu imigrantes de todo o mundo, foi uma das primeiras nações a abraçar as diferenças culturais. Em um discurso no Parlamento canadense em 1971, o primeiro-ministro Pierre Elliott Trudeau declarou: "Uma sociedade que enfatiza a uniformidade é uma sociedade que cria intolerância e ódio". Desde os anos 1970, outras democracias liberais ocidentais implementaram políticas que promovem a ideia da sociedade como uma "salada mista" com diferentes ingredientes formando um todo. Recentemente, muitos governos introduziram legislação que apoia essa abordagem, tais como leis que proíbem a discriminação, promovem o ensino da tolerância nas escolas, e celebram as festas das minorias culturais.

DESAFIOS

Durante os anos 2010, distúrbios civis na África e no Oriente Médio, entre eles a guerra civil na Síria, forçaram milhões de pessoas a fugirem de seus países. Muitos foram para os países mais ricos da Europa. Essa "crise de refugiados" desafiou os governos europeus a repensarem o multiculturalismo. Em 2010, a chanceler alemã Angela Merkel declarou que o multiculturalismo tinha "falhado completamente", porque separara as comunidades minoritárias da comunidade predominante, criando maior potencial de mal-entendidos e de desconfiança entre as comunidades.

Outros argumentaram que o multiculturalismo pode ser um obstáculo aos direitos humanos. Alguns refugiados vêm de países que têm opiniões mais conservadoras sobre os direitos das mulheres e sobre a homossexualidade do que as nações anfitriãs. Vários países europeus colocaram restrições à prática islâmica de as mulheres usarem véus para cobrir os rostos, alegando que a prática oprime as mulheres.

A percepção de que a imigração é crescente também levou algumas pessoas a argumentarem que as identidades tradicionais das nações anfitriãs estão sendo diluídas, e que os imigrantes são um "fardo" para os recursos estendidos do país, como assistência médica e benefícios assistenciais. O resultado disso é o aumento do apoio a partidos nacionalistas nos países anfitriões.

INTERCÂMBIO CULTURAL

Países que promovem o multiculturalismo – como Cingapura, que tem uma população bastante mista e muitos falantes bilíngues – valorizam a contribuição que um influxo de habilidades e de capital estrangeiro podem garantir para suas economias. Os negócios recebem bem o multiculturalismo: uma diversidade da força de trabalho, combinada à tecnologia, pode gerar negócios além das fronteiras. Além disso, o multiculturalismo gera uma rica troca cultural de atitudes em relação à vida e às tradições, e incentiva a tolerância entre diferentes grupos.

O povo no poder

> "O terrorismo se tornou a arma sistemática de uma guerra que não conhece fronteiras e raramente tem um rosto."
>
> JACQUES CHIRAC (1932-2019)
> Ex-presidente da França

TERRORISMO é...

O USO ILEGAL DA VIOLÊNCIA, OU A AMEAÇA DE MORTE OU DE DANOS FÍSICOS, PARA ALCANÇAR UM OBJETIVO POLÍTICO, OU A SERVIÇO DE UM OBJETIVO POLÍTICO

VEJA TAMBÉM:
← **Nelson Mandela** páginas 34-35
← **Anarquismo** páginas 36-37
→ **A Guerra do Iraque** páginas 140-141

Ondas de choque foram sentidas ao redor do mundo quando ocorreram os ataques do 11 de Setembro, nos Estados Unidos, em 2001. Foi nesse dia que militantes de uma organização islâmica conhecida como al-Qaeda atingiram com aviões o World Trade Center, em Nova York, e outros edifícios dos Estados Unidos, matando mais de 3 mil pessoas. Foi o ato terrorista mais letal já conhecido.

ESPALHANDO MEDO

É considerado terrorismo qualquer ameaça violenta ou ação planejada para influenciar um governo ou intimidar o povo a fim de gerar mudanças políticas. A palavra "terror" deriva do latim *terrere*, que significa "assustar". O objetivo do terrorismo é espalhar o medo, para que os cidadãos se sintam inseguros e receosos de realizar suas atividades normalmente. Terroristas podem usar recursos como bombas, armas de fogo, armas químicas, sequestro de pessoas – e até de aeronaves. Eles podem agir apenas dentro do próprio país ou cruzar fronteiras nacionais (terrorismo internacional).

Alguns governos são acusados de praticar o "terrorismo de Estado", usando violência contra seus próprios civis, ou realizando ações militares além de suas fronteiras que mataram ou feriram civis fora dos acordos normais da guerra. Um exemplo disso foi o bombardeio no ar do voo 103 da Pan Am, em 1988, pela Líbia, sobre a cidade de Lockerbie, na Escócia, matando 270 pessoas.

O uso da violência como estratégia política de medo existe há séculos, mas o terrorismo hoje tem impacto global, já que a mídia moderna pode dar aos atos terroristas um alcance maior.

UM MEIO PARA UM FIM

Terroristas e seus apoiadores acreditam que ações violentas são justificadas quando realizadas para fins políticos e, em particular, se

Terrorismo é...

eles acham que não há outra maneira de alcançar seus objetivos.

Grupos nacionalistas lutando pela libertação de potências coloniais, como os Mau Mau, que se rebelaram contra o domínio britânico no Quênia, nos anos 1950, usaram táticas terroristas. Grupos étnicos que querem se afastar de um Estado também podem dar espaço ao terrorismo. Em 1959, o grupo separatista ETA (Pátria Basca e Liberdade) iniciou um conflito armado contra a Espanha que durou sessenta anos, com o objetivo de conquistar a independência do país basco.

Outros grupos usaram o terrorismo para tentar alcançar objetivos políticos mais amplos, como as FARC (Forças Armadas Revolucionárias da Colômbia), que lutaram por cinquenta anos para derrubar o governo colombiano e implantar uma liderança comunista. O que é visto como resistência legítima de um ponto de vista pode parecer terrorismo de outro. Membros do Congresso Nacional Africano (ANC), que usaram táticas de guerrilha em sua luta pela igualdade dos negros na África do Sul durante o apartheid (1948-1994), foram rotulados de terroristas pelo governo. Para seus apoiadores, eles eram defensores da liberdade e seu líder, Nelson Mandela, um herói nacional.

RADICALIZAÇÃO

Grupos terroristas prosperam em áreas onde as pessoas já têm fortes opiniões sobre questões políticas, sociais ou religiosas. Eles podem recrutar membros influenciando indivíduos a adotarem opiniões extremas (radicalização) e a se comprometerem com atos violentos. O grupo terrorista fundamentalista conhecido como Estado Islâmico (Isis) radicalizou novos membros on-line através de propaganda eficiente e do uso das mídias sociais para atingir possíveis recrutas. Muitos desses são jovens muçulmanos que se sentem marginalizados pelas sociedades em que vivem.

NOVAS AMEAÇAS

No século XXI, o terrorismo está mudando. Nos últimos anos, o lobo solitário se tornou a ameaça terrorista mais urgente do mundo. O termo descreve alguém que age sozinho e não está associado a um grupo. É particularmente difícil para os serviços de segurança nacional rastrearem um terrorista solitário. Terroristas de extrema direita surgiram como uma grande ameaça nos Estados Unidos. Entre eles está o atirador que, em agosto de 2019, matou 22 pessoas em uma loja do Walmart em El Paso, no Texas. Antes do ataque, o homem postou um manifesto on-line defendendo os "nacionalistas brancos" e fomentando a desconfiança em relação a outros grupos étnicos.

O ciberterrorismo – o uso da internet e dos computadores com motivos políticos, para perturbar a vida civil – também é uma ameaça terrorista significativa. Estados temem que ciberterroristas possam ser capazes de prejudicar as forças armadas da nação, de derrubarem a eletricidade, ou até de explodirem um reator nuclear.

As medidas globais para combater o terrorismo são sofisticadas e usam dados internacionais para rastrear e desativar movimentos terroristas. No entanto, esses movimentos também podem ser vistos como um meio para os governos reprimirem seus oponentes políticos.

O povo no poder

> "O poder não dá sem exigir algo em troca. Nunca deu e nunca dará."
> FREDERICK DOUGLAS (1818-1895)
> Escritor e reformista social afro-americano

REVOLUÇÃO é...

UM MOVIMENTO DO POVO PARA DERRUBAR UM REGIME POLÍTICO EXISTENTE, ÀS VEZES À FORÇA

VEJA TAMBÉM:
← A Revolução Francesa
páginas 18-19

← A Revolução Iraniana
páginas 22-23

← Karl Marx
páginas 44-45

→ A Primavera Árabe
páginas 122-123

A palavra "revolução" normalmente se refere à remoção de um governo à força para substituí-lo por um novo sistema de governo ou para conquistar a independência de outro país. Há séculos, são as revoluções que provocam as mudanças mais radicais na ordem política da sociedade.

MUDANÇA FUNDAMENTAL
Resistência e rebelião envolvem oposição à autoridade política, mas a revolução provoca uma mudança fundamental no poder, transformando a maneira como a sociedade funciona.

Embora os meios de cada revolução possam ser os mesmos, os fins desejados por cada uma podem ser muito diferentes. Uma das primeiras revoluções na história moderna foi a Revolução Americana (1775-1783), que teve como consequência os Estados Unidos se declararem independentes da Grã-Bretanha. Suas ideias de liberdade e autonomia política inspiraram a Revolução Francesa (1789-1799), quando as pessoas comuns se rebelaram contra a aristocracia.

No século XX, a Revolução Russa (1917-1923) provocou ondas de choque ao redor do mundo. Inspirada pelo marxismo, ela pretendia criar uma sociedade mais igualitária, erradicando as classes sociais. A revolução acabou com o domínio da monarquia czarista, finalmente substituindo-a por um Estado comunista, a União Soviética, liderada por Lenin até sua morte em 1924.

O governo do Partido Comunista na China foi criado depois de duas revoluções. Em outubro de 1911, um grupo de revolucionários liderou uma revolta contra a dinastia imperial Qing, estabelecendo uma república em seu lugar. Esta foi a primeira etapa de um processo de rebelião concluída com a revolução de 1949, quando o líder comunista Mao Tsé-Tung entrou em Pequim e declarou a criação da

República Popular da China (RPC). Em 1979, a Revolução Iraniana levou à deposição da monarquia sob o xá Mohammad Reza Pahlavi, que foi substituído por uma república islâmica, liderada pelo clérigo aiatolá Khomeini.

REVOLUÇÃO GENTIL

Quando as pessoas desafiam o status quo para conseguir mudanças políticas, elas correm o risco de enfrentar uma violenta repressão da autoridade no poder. As pessoas podem estar dispostas a dar sua vida para se livrarem de regimes opressores, mesmo quando não há garantias de que o novo regime será melhor, por isso as revoluções ao longo da história têm sido associadas a derramamento de sangue e a violência.

No entanto, nem todas as revoluções são sangrentas e violentas. Os cidadãos de alguns países tentaram derrubar um regime usando táticas violentas e então, na hora certa, adotaram estratégias não violentas. Em 1989, conforme a União Soviética afrouxava o controle sobre o Leste Europeu, a Tchecoslováquia foi palco de uma revolução que ficou conhecida como a Revolução de Veludo. Esse levante pacífico fez uso de manifestações e greves que resultaram no fim do regime comunista no país e a eleição de seu primeiro presidente democraticamente eleito em décadas, o dramaturgo que virou dissidente Václav Havel.

REVOLUÇÃO SEM LÍDER

Em 2011, uma série de revoltas conhecidas como Primavera Árabe eclodiu no Oriente Médio e no norte da África. Os protestos, organizados através das mídias sociais, sem líderes proclamados, levaram a mudanças de regime em alguns países, como Egito e Tunísia. Contudo, não havia um consenso claro sobre o resultado desejado desses movimentos. Em alguns países, esse estado de incerteza criou um vácuo político, permitindo que líderes e grupos repressores assumissem o controle. Outros países caíram no caos e na guerra civil. Nem todas as revoluções têm sucesso, mas elas continuam a fazer história até hoje.

A PRIMAVERA ÁRABE
PRIMAVERA DE 2011

Em 2011, uma série de revoltas pedindo liberdade política varreu o mundo árabe. Cansadas da pobreza, da corrupção e da repressão, milhares de pessoas aderiram aos protestos conforme a notícia se espalhava através das mídias sociais.

A Primavera Árabe começou na Tunísia, em dezembro de 2010, com um homem. Quando Mohamed Bouazizi teve seu carrinho de legumes confiscado pela polícia, ele se autoimolou. Seu ato desesperado desencadeou uma reação ardente que se alastrou através do Norte da África e do Oriente Médio.

A escala do levante foi inesperada. As notícias se espalharam e geraram mais protestos, como a grande manifestação na praça Tahrir, no Cairo, Egito, organizada por meio do Facebook e outras mídias sociais. Presidentes que estavam no poder por décadas foram depostos e os governos caíram na Tunísia, no Egito, na Líbia e no Iêmen.

Os países afetados foram rápidos em reprimir rebeliões por meio de repressões brutais, embora algumas delas tenham conseguido gerar mudanças políticas. O Egito realizou eleições para um novo líder, mas logo passou por um golpe militar. A Líbia se tornou um lugar sem lei, controlado por milícias armadas. As forças de segurança do Iêmen reagiram com violência e o líder do país foi forçado a renunciar. O poderoso regime da Síria resistiu aos protestos e a agitação se transformou em guerra civil.

A Primavera Árabe deu esperanças a muitas pessoas de uma rápida mudança democrática; mas a construção de uma estrutura política estável se provou uma empreitada lenta e precária.

Revolta no Egito
Um manifestante ergue a bandeira egípcia na praça Tahrir, no Cairo, durante os embates violentos entre as forças militares e os manifestantes, em dezembro de 2011.

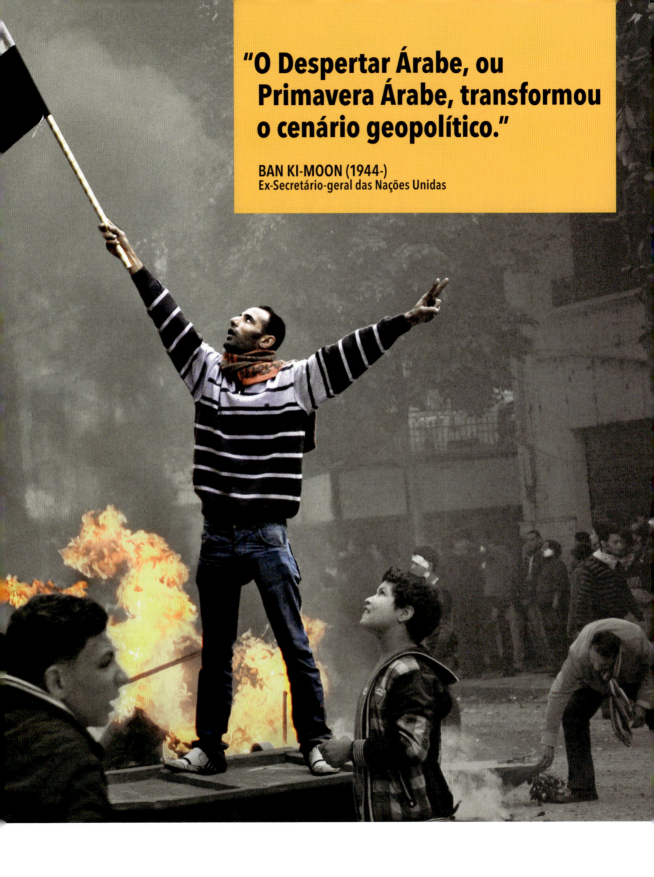

Relações
INTERNACIONAIS

IMPERIALISMO é...

Mahatma Gandhi

NACIONALISMO é...

Separatismo catalão

GEOPOLÍTICA é...

GUERRA é...

A Guerra do Iraque

GLOBALIZAÇÃO é...

Migração Rohingya

ORGANIZAÇÕES INTERNACIONAIS são...

Relações internacionais

A POLÍTICA ATRAVESSA FRONTEIRAS?

O COLONIALISMO AINDA É RELEVANTE HOJE?

PARA QUE SERVEM AS NAÇÕES UNIDAS?

POR QUE ALGUMAS EMPRESAS GLOBAIS SÃO MAIS RICAS DO QUE ALGUMAS NAÇÕES?

A GLOBALIZAÇÃO É BOA PARA NÓS?

O QUE TORNA UMA NAÇÃO PODEROSA?

COMO ENFRENTAMOS JUNTOS A MUDANÇA CLIMÁTICA?

A política atravessa fronteiras?

Política não diz respeito apenas ao que está acontecendo em nossos próprios países, mas também aos assuntos globais. As decisões dos nossos governos são frequentemente influenciadas por eventos mundiais.

Mudança climática, migração, pobreza, doença e acordos comerciais são exemplos de desafios que só podem ser enfrentados se as nações agirem em conjunto para encontrar soluções. Além disso, nossa vida é cada vez mais moldada pela globalização – o crescimento de grandes empresas internacionais e a inovação tecnológica que fizeram culturas, economias e políticas cruzarem fronteiras. Política internacional geralmente se refere à solução de conflitos entre nações. Sempre houve disputas por territórios, por recursos ou oposição a crenças religiosas ou políticas, e algumas levaram à guerra. As Nações Unidas e outras organizações globais trabalham para promover a paz, a cooperação e para melhorar a vida de todos, independentemente da nacionalidade, raça ou religião.

Relações internacionais

> "Veni, vidi, vici." ("Vim, vi e venci.")
> JÚLIO CÉSAR (100-44 A.C.)
> Ditador romano, político e general militar

IMPERIALISMO é...

A POLÍTICA DE ESTENDER O DOMÍNIO DE UM PAÍS SOBRE NAÇÕES E POVOS ESTRANGEIROS, COM FREQUÊNCIA COM O USO DA FORÇA MILITAR

VEJA TAMBÉM:

← **Capitalismo**
páginas 52-53

→ **Mahatma Gandhi**
páginas 130-131

→ **Nacionalismo**
páginas 132-133

A palavra "imperialismo" vem do latim *imperium*, que significa "poder supremo". Embora impérios existam desde tempos muito antigos, o imperialismo entrou em uso como um termo político na década de 1870, quando foi usado para descrever as políticas estrangeiras do Reino Unido. Hoje, a prática do imperialismo é proibida pelo direito internacional.

IMPÉRIO E COLÔNIA

Imperialismo e colonialismo são duas coisas diferentes, embora relacionadas. O imperialismo é a política de conquistar terras de outra nação a fim de aumentar o próprio domínio e criar um império. Colonialismo, por outro lado, é a construção e manutenção de um posto avançado, ou colônia, povoada por pessoas do Estado de origem.

O imperialismo é uma política de Estado, e suas motivações são tanto ideológicas quanto comerciais. O colonialismo é mais do que apenas a criação de colônias no exterior para assentamento e comércio. Um império, no entanto, pode conter colônias.

Às vezes, também há diferença na geografia. O Império Russo (1721-1917) e o Império Otomano (cerca de 1300-1922) eram massas terrestres vastas e contínuas. As colônias, no entanto, com frequência são distantes e separadas do resto do império por mar.

Imperialismo e colonialismo geralmente se valem do uso da força para conseguir o controle sobre territórios estrangeiros. Às vezes, os governantes das terras que se tornam parte de um império recebem permissão para permanecer no poder, desde que reconheçam o imperador ou monarca (ou outro governante do Estado imperial) como soberano. Colônias, por outro lado, são governadas diretamente.

DESCOLONIZAÇÃO

Entre os séculos XV e XX, as forças europeias construíram enormes impérios nas Américas, África e Ásia. De um modo geral, os povos das terras conquistadas se ressentiam profundamente do poder imperial. O processo de renunciar ao controle imperial e de conceder independência aos territórios dependentes – conhecido como "descolonização" – frequentemente era difícil. Os vietnamitas e os argelinos lutaram em grandes guerras contra os franceses, nas décadas de 1950 e 1960, para conquistar sua independência do império francês. Nesse mesmo período, a Grã-Bretanha esteve envolvida em guerras coloniais na Malásia, em Áden, no Quênia e em outros lugares. Poucos impérios desmoronam pacificamente.

NEOCOLONIALISMO

Alguns impérios controlam outros países por meio da dominação econômica ou cultural, sem nunca os governar diretamente, em um processo conhecido como "neocolonialismo" ou "neoimperialismo". No século XIX, a Grã-Bretanha controlava três quintos de todo o investimento argentino e era dona de todas as ferrovias do país, mesmo a Argentina sendo um Estado independente, que nunca fez parte do império britânico. Hoje, os Estados Unidos, a China, a Rússia e a UE exercem enorme influência econômica, cultural e política global e, às vezes, são descritos como "impérios". O termo "neocolonialismo" também é utilizado em relação ao poder econômico que os países mais desenvolvidos, empresas e instituições globais têm sobre países menos desenvolvidos.

IDEIAS PÓS-COLONIAIS

Historicamente, governantes de impérios procuraram justificar suas políticas argumentando que o imperialismo levou educação, novas tecnologias e outros benefícios para os povos que incorporaram a seus estados. Mas o imperialismo sempre teve oponentes. O líder comunista soviético Lenin (1870-1924) via o imperialismo como sendo a forma mais extrema e avançada de capitalismo, gerando grande riqueza para os que investiram nele, mas à custa dos territórios sob seu controle. Hoje, a aceitação dos ideais de democracia e soberania nacional faz com que o imperialismo seja considerado uma forma de opressão e exploração.

Mahatma Gandhi
1869–1848

Mohandas Karamchand Gandhi, conhecido como Mahatma, que significa "grande alma", protestou pacificamente para fazer campanha pela independência da Índia do domínio colonial britânico. Prometendo combater o que ele chamou de doença do preconceito da cor, Gandhi adotou o princípio religioso de *ahimsa* ("não violência") e o transformou em uma ferramenta de ação nacionalista.

> "Vejo a mim mesmo como um soldado, mas um soldado da paz."

Encontrando seu lugar

Nascido em 1869 em Porbandar, na Índia, Gandhi estudou Direito em Londres, antes de se mudar para a África do Sul, onde morou por 21 anos e conheceu os preconceitos raciais que o levaram ao ativismo. Ao ser expulso de um trem por viajar de primeira classe, ele teve um "momento da verdade", e ficou chocado com a negação de seus direitos humanos. E foi na África do Sul que Gandhi liderou pela primeira vez protestos não violentos contra a injustiça racial, pelos quais acabou sendo preso várias vezes.

Retorno à Índia

Em 1915, Gandhi voltou para a Índia – o país estava cada vez mais instável sob o domínio britânico. Em 1919, o governo britânico passou a permitir a prisão sem julgamento de suspeitos de terrorismo. Gandhi convocou protestos não violentos – ou *satyagraha* ("devoção à verdade") – contra o poder britânico. Os protestos se intensificaram quando soldados britânicos abriram fogo em uma manifestação pacífica na cidade de Amritsar, matando centenas de pessoas. Na sequência do massacre, Gandhi lançou uma campanha nacional de não cooperação com os britânicos.

Rumo à independência

Eleito líder do partido no Congresso Nacional, em 1920, Gandhi foi figura-chave na política indiana nas décadas seguintes, e os protestos lhe valeram algumas passagens pela prisão. Apesar de seus apelos pela paz, muitas vezes ele foi incapaz de impedir atos violentos. Gandhi se dedicou a romper barreiras entre castas e crenças e ficou muito abalado com os distúrbios entre hindus e muçulmanos quando a Índia se tornou independente, em 1947. Um ano mais tarde, ele foi baleado e morto por um extremista hindu.

Marcha do Sal
Em 1930, em protesto contra um imposto que os britânicos impuseram ao sal, Gandhi andou 388 km até o mar para fazer seu próprio sal. Milhares de pessoas se juntaram a ele pelo caminho, incluindo a ativista e poeta indiana Sarojini Naidu (acima).

Líder humilde
Gandhi acreditava na vida simples. Ele rejeitava a industrialização moderna e encorajava as pessoas a usarem habilidades tradicionais. No fim de sua vida, escolheu vestir a tanga e o xale de algodão usados por seus concidadãos mais pobres.

> "Patriotismo é quando o amor por seu próprio povo vem primeiro; nacionalismo é quando o ódio pelos demais povos vem primeiro."
>
> **CHARLES DE GAULLE (1890-1970)**
> Líder da Resistência Francesa e ex-presidente da França

NACIONALISMO é...

APOIO E LEALDADE A UMA NAÇÃO, ÀS VEZES DE UM MODO NOCIVO AOS INTERESSES DE OUTRAS NAÇÕES

VEJA TAMBÉM:

← **Fascismo**
páginas 60-61

← **Imperialismo**
páginas 128-129

← **Mahatma Gandhi**
páginas 130-131

→ **Separatismo catalão**
páginas 134-135

O nacionalismo é um dos mais importantes ideais políticos dos dois últimos séculos. Ele criou novas nações e derrubou antigos impérios, redesenhando o mapa do mundo. Isso fez com que as pessoas passassem a ver a si mesmas e a seus países sob uma nova luz. O nacionalismo em si baseia-se em duas suposições: que a humanidade é naturalmente dividida em nações distintas de pessoas semelhantes; e que o Estado-nação é a unidade de regra política mais apropriada e legítima.

DOUTRINA OU IDEOLOGIA?

O nacionalismo pode ser visto como uma doutrina (um conjunto de crenças) ou como uma ideologia (um sistema de ideais). Como doutrina, o nacionalismo afirma que todas as nações têm o direito de serem independentes e de governarem a si mesmas, e que o mundo deve consistir inteiramente de Estados-nação que se autogovernam. Como ideologia, no entanto, o nacionalismo vai muito além, e promove a crença no patriotismo ou no apoio ao próprio país. Promove também a identidade política, cultural e étnica, colocando a própria nação acima de qualquer outra, possivelmente em detrimento de outra nação.

IDENTIDADE NACIONAL

Tanto como doutrina quanto como ideologia, o nacionalismo tem grande força. É capaz de unir um povo e dar a ele uma identidade comum. Mas o nacionalismo também tem um lado sombrio. Ao enfatizar a unidade racial de um país, o nacionalismo pode levar ao racismo contra povos minoritários dentro desse país. Também pode levar à xenofobia, uma aversão ou preconceito contra pessoas de outros países. E, acima de tudo, o estímulo ao entusiasmo nacional intenso pode dar à luz movimentos como o fascismo ou o nazismo, que eram fanaticamente nacionalistas.

MOLDANDO A HISTÓRIA

O nacionalismo teve um enorme impacto na Europa do século XIX. Os italianos se uniram para, juntos, criarem uma nova nação, unificada. Os alemães também formaram um Estado unificado e os irlandeses começaram sua longa luta para se libertar do domínio britânico.

No século XX, a Segunda Guerra Mundial (1939-1945) foi, em grande parte, causada pelas políticas militaristas de regimes nacionalistas, como os da Alemanha e do Japão, e pela invasão de outras nações para expandirem suas fronteiras. Depois da guerra, nacionalistas indianos conquistaram a independência do domínio colonial britânico, em 1947, e nações por todo o Oriente Médio e na África também conquistaram sua independência de antigos impérios europeus.

Em 1991, o nacionalismo contribuiu para a dissolução da União Soviética, um Estado de repúblicas federais formado em 1922. Um período de reformas na década de 1980 que teve como objetivo tornar a economia liberal e estruturar o governo comunista da União Soviética, centralizado em Moscou, levou a uma onda de revoluções e eventualmente à formação de quinze Estados independentes. No século XXI, o crescimento do sentimento nacionalista no maior desses estados, a Rússia, ajudou seu governo, liderado por Vladimir Putin, a justificar a anexação da região vizinha da Crimeia, antes pertencente à Ucrânia. Considera-se que o nacionalismo esteja em ascensão no século XXI. Alguns grupos nacionalistas atuais estão associados a religiões. Nacionalistas hindus na Índia e grupos budistas em Mianmar, Tailândia e Sri Lanka estão procurando incutir princípios religiosos no cerne das regras de governo.

SEPARATISMO

Muitos estados do mundo contêm mais de uma identidade regional. A Espanha engloba o povo basco e o catalão, por exemplo, e o Canadá, falantes de inglês e francês. Os problemas surgem quando esses povos minoritários desejam se separar do Estado e se tornar nações independentes. No Reino Unido, a Escócia realizou um referendo em 2014 sobre se tornar uma nação independente e, por pouco, decidiu permanecer como estava. A Catalunha realizou um referendo ilegal em 2017 para desvincular-se da Espanha, e se declarou, ilegalmente, uma república independente. No Oriente Médio, os curdos são um povo que vive em um território montanhoso que abrange as fronteiras da Turquia, do Iraque, da Síria, e do Irã. Eles começaram uma luta armada pela independência, mas seus esforços têm sido reprimidos. Os curdos continuam sendo o maior grupo étnico único no mundo que ainda não conquistou um Estado próprio.

"O bem-estar da Catalunha só é possível fora da Espanha."

CARLES PUIGDEMONT (1962-)
Ex-presidente do Parlamento catalão

SEPARATISMO CATALÃO

OUTUBRO DE 2017

A Catalunha é uma região próspera da Espanha com 7,5 milhões de pessoas, e identidade, idioma e Parlamento próprios. Desde o nascimento da Espanha, em 1512, a questão da independência da Catalunha divide a região e o país.

Depois de um referendo ilegal em 2017, o Parlamento catalão tomou a questão em suas próprias mãos, declarou a independência da região e mergulhou a Espanha em uma crise política.

Em 2010, o governo espanhol tirou alguns poderes do Parlamento catalão. Essa mudança deu fôlego novo a um movimento separatista que sempre existiu na Catalunha, agora reforçado pelo sucesso econômico da região. Em 1º de outubro de 2017, a Catalunha realizou um referendo de independência que o Tribunal Constitucional da Espanha declarou ilegal. Muitas pessoas boicotaram a eleição – apenas 43% votaram, mas desses, 90% queriam se separar da Espanha. Após mais uma votação em seu Parlamento, em Barcelona, a Catalunha declarou sua independência.

Pela primeira vez em sua história, a Espanha usou poderes emergenciais previstos na constituição para impor temporariamente o domínio direto sobre a Catalunha e dissolver o Parlamento catalão. Muitos líderes-chave da candidatura à independência foram presos por sedição (incitação à rebelião). A tentativa deles de romper com a Espanha falhou, mas o povo continuou a protestar pela independência e o debate, que já dura séculos, continua.

Llibertat, Catalunha pela liberdade
Centenas de pessoas em Barcelona agitam a bandeira catalã em um protesto contra o julgamento de doze líderes separatistas presos em fevereiro de 2019.

Relações internacionais

> "No nosso mundo em mutação, nada muda mais do que a geografia."
>
> **PEARL S. BUCK (1892-1973)**
> Escritora norte-americana e ganhadora do prêmio Nobel de Literatura

GEOPOLÍTICA é...

A INFLUÊNCIA DE FATORES GEOGRÁFICOS, TAIS COMO ÁREA FÍSICA, NAS RELAÇÕES E POLÍTICAS INTERNACIONAIS

VEJA TAMBÉM:
← **Ambientalismo** páginas 108-109
← **Nacionalismo** páginas 132-133
→ **Globalização** páginas 142-143

O termo "geopolítica" foi usado pela primeira vez pelo cientista político sueco Rudolf Kjellén, em um livro sobre a geografia sueca, publicado em 1900. Hoje, a geopolítica estuda como a política externa das nações e o comportamento político são explicados por características geográficas, como clima, paisagem, recursos naturais e população. Por exemplo, as relações entre diferentes países podem ser afetadas por uma geografia comum, tais como fonte compartilhada de água ou influência que nações ricas em recursos têm na política global.

NAÇÕES DO MAR
No final do século XIX e início do século XX, o historiador naval norte-americano Alfred Thayer Mahan defendeu que o controle do mar era política e economicamente vantajoso para uma nação – ajudava o comércio em tempos de paz e o poderio militar naval durante as guerras. Um exemplo foi a ascensão do Império Britânico durante os séculos XVIII e XIX. A Grã-Bretanha conseguiu organizar uma marinha poderosa e construir fortes ligações comerciais marítimas em parte devido à sua localização no Oceano Atlântico. Hoje, o poder econômico da China e do Japão é ajudado por seu acesso às principais rotas marítimas do mundo.

PODER NA TERRA
A invenção de trens, carros e caminhões no século XIX tornou acessíveis nações localizadas no

coração de grandes massas continentais, como a Alemanha, e nações imensas como os Estados Unidos e a Rússia. O tamanho é importante na política mundial. As áreas agrícolas vastas e férteis, os grandes rios e os recursos minerais dos Estados Unidos foram importantes para ajudar o país a se tornar a nação mais poderosa do século xx.

ÁGUA

O acesso à água doce para se beber e para a irrigação é essencial para a sobrevivência de qualquer país. O rio Nilo nasce na África Oriental e flui em direção ao norte, para o Egito e o Mar Mediterrâneo. Sua bacia cobre onze países diferentes. Esforços de países rio acima, como Ruanda, Uganda e Etiópia para compartilhar as águas do Nilo sofreram forte oposição do Egito e do Sudão rio abaixo. Para evitar conflitos, foram implementados tratados para gerenciar a distribuição de água. No entanto, como a água está se tornando mais escassa devido ao aumento da população e às mudanças climáticas, há uma pressão crescente na região. A escassez de água é uma preocupação em outras partes do mundo também, como na China. No Reino Unido, o governo está introduzindo novas tecnologias e modernizando a infraestrutura da água para tentar combater o problema.

MATÉRIA-PRIMA

A importância política de um país frequentemente depende de suas matérias-primas. A presença de vastos campos de petróleo e gás ao redor do Golfo Pérsico dá aos países da região, como o Irã e a Arábia Saudita, um poder significativo no mundo. Da mesma forma, a Turquia também tem uma influência considerável – com território na Europa e na Ásia, o país está localizado geograficamente entre as nações asiáticas ricas em petróleo e gás, e as nações europeias ansiosas por energia.

ROTA MODERNA DA SEDA

Uma tentativa de redefinir a geopolítica da Ásia e da Europa é a iniciativa chinesa "Cinturão e Rota da Seda", uma releitura do século xxi da antiga Rota da Seda que ligava a China à Europa há 2 mil anos. A nova rede econômica e estratégica busca, nas palavras do governo chinês "melhorar a conectividade regional para se ter um futuro melhor". O "Cinturão" é formado por uma série de estradas e ferrovias que ligam países do leste da China ao oeste da Holanda. A "Rota" se baseia em antigas rotas de comércio marítimo que ligavam países em todo o Oceano Índico ao Mediterrâneo. Alguns observadores desse vasto projeto o veem como uma tentativa da China de estender sua influência construindo uma rede comercial dominada pelos chineses.

Relações internacionais

> "A humanidade precisa pôr um fim à guerra antes que a guerra ponha fim à humanidade."
> **JOHN F. KENNEDY (1917-1963)**
> Ex-presidente dos Estados Unidos, em um discurso na Assembleia Geral das Nações Unidas

GUERRA é...

UM CONFLITO ARMADO ENTRE NAÇÕES, GOVERNOS, FORÇAS MILITARES OU OUTROS GRUPOS POLÍTICOS

VEJA TAMBÉM:
← **Totalitarismo** páginas 26-27
← **Nacionalismo** páginas 132-133
→ **Organizações internacionais** páginas 146-147

Guerras, sejam elas entre nações, entre povos ou grupos do mesmo país, podem ser deflagradas pela concorrência por território ou por recursos, por oposição religiosa ou de crenças políticas. Fronteiras entre nações, raças e religiões com frequência foram estabelecidas por guerras.

POR QUE GUERRA?
A maioria dos países mantém um exército permanente e outras forças de defesa para proteger suas fronteiras caso sejam atacadas. Alguns governos, no entanto, promoveram ativamente o uso das forças armadas como um instrumento da política nacional. Essa política é conhecida como "militarismo". O militarismo glorifica a guerra, promove o heroísmo e incentiva o patriotismo. É uma característica das ditaduras totalitárias, mas também pode ser uma extensão de políticas imperialistas e nacionalistas. O efeito da guerra é catastrófico. Com o avanço da tecnologia, as guerras mais destrutivas ocorreram durante o último século – na Segunda Guerra Mundial (1939-1945) mais de 60 milhões de pessoas morreram.

DISSUASOR NUCLEAR
Após o fim da Segunda Guerra Mundial, em 1945, estourou uma "Guerra Fria" entre o Ocidente capitalista e o Oriente comunista. A Guerra Fria foi uma rivalidade tensa, demonstrada por exibições de força militar e por uma "corrida armamentista" nuclear entre os Estados Unidos e a União Soviética. O combate direto entre os dois lados foi evitado. No entanto, a Guerra Fria deu origem à política militar de possuir armas nucleares a fim de dissuadir outros países de atacarem por medo de uma retaliação devastadora. Em 1968, mais de sessenta países assinaram uma Tratado de Não Proliferação com o

Guerra é...

Unidas (ONU), fundada em 1945, é responsável por manter os padrões internacionais de paz. A Carta das Nações Unidas afirma que a força armada só pode ser usada em circunstâncias de legítima defesa ou após aprovação do Conselho de Segurança das Nações Unidas. Durante a Guerra da Coreia (1950-1953), foi sancionada pela ONU a intervenção de forças internacionais para apoiar a reação da Coreia do Sul a uma invasão da Coreia do Norte. Por outro lado, durante a Guerra do Vietnã (1954-1975), o conflito armado entre o governo comunista do Vietnã do Norte e seus aliados e o governo do Vietnã do Sul, apoiado pelos Estados Unidos, não foi aprovado pela ONU. Hoje, a situação permanece controversa.

PACIFISMO

Pacifismo é a oposição à guerra e à violência. Como muitas ideias políticas, o pacifismo pode ser interpretado de várias maneiras. Pode ser baseado em princípios morais do que é certo e errado, ou em uma visão pragmática de que os custos da violência são tão altos que as disputas sempre devem ser resolvidas pacificamente. Os pacifistas absolutos argumentam que o valor da vida humana é tal que jamais existem circunstâncias que justifiquem a guerra. Pacifistas condicionais apoiam o uso da violência física na legítima defesa de si mesmos ou de outros, ou se seu país é invadido. Pacifistas seletivos fazem uma distinção entre a guerra, a qual podem não se opor totalmente, e as ferramentas da guerra. Eles podem apoiar um conflito, mas se opor ao uso de armas de destruição em massa, sejam elas nucleares, químicas ou biológicas. Opositores escrupulosos se recusam a lutar em tempo de guerra com base na liberdade de consciência. A Campanha para o Desarmamento Nuclear (CDN), criada no Reino Unido em 1957, milita ativamente pela abolição de armas químicas e nucleares.

objetivo de reduzir a disseminação de armas nucleares. Até 2016, 191 países aderiram ao Tratado, mas algumas nações, como a Índia, o Paquistão e Israel não assinaram. A Coreia do Norte se retirou do acordo em 2003, e o Irã sofreu sanções por violar seus termos.

SOMENTE SE NECESSÁRIO

As guerras e o uso da força militar geralmente são considerados como resultado de um fracasso da política ou da diplomacia para manter a paz. Hoje, as normas do que é aceitável no comportamento internacional são conhecidas como direito internacional. A Organização das Nações

A GUERRA DO IRAQUE
2003

Uma coalizão de forças lideradas pelos Estados Unidos invadiu o Iraque em 20 de março de 2003. Seus objetivos declarados eram desarmar o país e libertar as pessoas do regime repressor de Saddam Hussein. Os Estados Unidos declararam "missão cumprida" após 43 dias, mas a invasão foi amplamente condenada.

Saddam Hussein, um ditador brutal estava no poder desde 1979. Quando seu exército invadiu o Kuwait, em 1990, as Nações Unidas (ONU) apoiaram uma campanha militar para expulsar o Iraque. O Iraque foi derrotado e, como resultado, a ONU orientou o país a se desfazer de todas as suas armas de destruição em massa (ADMs). No entanto, o Iraque relutou em cooperar.

Após o 11 de setembro, os EUA endureceram sua política externa. George W. Bush, argumentou que a falta de colaboração do Iraque com as inspeções de armas da ONU representava uma ameaça para o mundo. Em 2003, o Reino Unido publicou um dossiê afirmando que o Iraque ainda tinha armas de destruição em massa. Essa informação nunca foi confirmada.

Em março de 2003, sem o apoio do Conselho de Segurança da ONU – e apesar dos protestos de milhões de pessoas em todo o mundo – os EUA, o Reino Unido e outras forças da coalizão invadiram o Iraque para expulsar Saddam. A guerra continuou por muito tempo depois de Bush declarar vitória. Seguiu-se uma violenta insurgência e, durante a década seguinte, milhares de civis iraquianos foram mortos, feridos ou perderam suas casas. Essa guerra e suas consequências reacenderam o debate sobre a legalidade de intervenções militares estrangeiras.

Derrubando um tirano
A estátua de Saddam foi derrubada quando Bagdá foi tomada, em abril de 2003. Saddam foi capturado em dezembro de 2003, julgado e enforcado em 2006.

"Saddam se foi, mas em seu lugar agora temos mil Saddams."

KADHIM AL-JABBOURI (1952-)
Iraquiano que derrubou a estátua de Saddam, em declaração de 2016, depois de anos de turbulência política, guerra civil e tensões sectárias.

Relações internacionais

> "Foi dito que lutar contra a globalização é como lutar contra as leis da gravidade."
>
> KOFI ANNAN (1938–2018)
> Diplomata de Gana, ex-Secretário-geral das Nações Unidas, coganhador do prêmio Nobel da Paz

GLOBALIZAÇÃO é...

O CRESCIMENTO DA REDE DE CONEXÕES GLOBAIS INTERDEPENDENTES ENTRE PESSOAS, GOVERNOS E NEGÓCIOS

VEJA TAMBÉM:

Liberalismo
páginas 50-51

Capitalismo
páginas 52-53

Neoliberalismo
páginas 56-57

Multiculturalismo
páginas 116-117

Organizações internacionais
páginas 146-147

Em um passado não muito distante, cada país tinha sua própria economia, cultura e política. As indústrias eram locais e de propriedade de pessoas locais. O país produzia sua própria música pop e seus livros, e os políticos se preocupavam basicamente com questões locais e nacionais. Cada país tinha o seu próprio caráter distinto. Hoje, muitos aspectos da vida são globais em forma e impacto, levando a uma homogeneização, ou semelhança, da vida em todo o mundo. Por exemplo, a cadeia de fast-food McDonald's vende seus hambúrgueres em mais de cem países e o sanduíche tem o mesmo gosto em todos os lugares. Grandes empresas operam ao redor do mundo, moda, música e filmes atravessam fronteiras, e a política transnacional influencia o mundo. Isso é conhecido como "globalização".

ENCOLHENDO O MUNDO

Uma das primeiras pessoas a escrever sobre globalização foi o professor e sociólogo Roland Robertson. Em 1992, Robertson descreveu a globalização como "a compressão do mundo e a intensificação da consciência do mundo como um todo". Em 2000, o Fundo Monetário Internacional, uma organização que promove a cooperação financeira entre nações, declarou que existem quatro elementos da globalização: comércio e transações comerciais, circulação de capitais e investimento, migração de pessoas e a divulgação de conhecimento. A esses quatro elementos, hoje podem ser acrescentados a globalização do nosso meio ambiente através do aquecimento global, a poluição que atravessa fronteiras e a pesca predatória nos mares do mundo.

ECONOMIA GLOBAL

A disseminação do comércio internacional gratuito e o desenvolvimento de negócios internacionais modernos no fim do século xx criaram uma economia global. Essa nova economia foi alimentada de forma radical pela inovação tecnológica, particularmente pelo desenvolvimento de computadores e da internet. Todas as empresas mais lucrativas operam internacionalmente. As cinco gigantes americanas de alta tecnologia – Facebook, Apple, Amazon, Netflix e Google –, de tão poderosas, ficaram conhecidas como FAANG. Algumas empresas globais valem mais do que a economia de algumas nações, mas elas mantêm suas sedes em países que cobram impostos relativamente baixos às empresas. Dessa forma, seu gasto com impostos é baixo, enquanto os lucros permanecem altos.

Os serviços que prestam são iguais em todos os países, mantendo o mundo todo unido em um grande "fardo" de alta tecnologia.

IMPACTO POLÍTICO

A globalização também teve um grande impacto na política. Hoje, a liberdade econômica e a disseminação de ideias tornaram a democracia liberal a principal forma de governo em todo o mundo. Alguns críticos afirmam que a globalização está levando à morte da política nacional e à irrelevância do Estado. No entanto, também houve uma reação contra a formação de uniões supranacionais (confederações de duas ou mais nações), como a União Europeia (UE). A decisão do Reino Unido de deixar a UE, como escolheu a maioria de sua população em um referendo de 2016, foi motivada, em parte, pelo desejo de reconstruir a soberania nacional e a singularidade diante da globalização.

ADOTAR OU RESISTIR?

A globalização trouxe aumento de prosperidade e vantagens tecnológicas para alguns países. Ela permitiu que as pessoas se deslocassem entre países para assumirem empregos mais bem remunerados. Também gerou um intercâmbio cultural, através do qual os países desenvolvidos são cada vez mais influenciados pelas culturas de nações menos desenvolvidas – assim como o inverso, que sempre foi a norma. Mas há desvantagens. A prática de terceirizar serviços para países que pagam salários mais baixos permite o corte de custos para as nações mais ricas, mas também reduz o número de empregos nessas nações mais ricas e força a redução dos salários. Os contrários à globalização também alertam contra a propagação de atitudes capitalistas, em oposição aos valores da comunidade, e contra a crescente desigualdade de renda causada pelo movimento do capital global.

MIGRAÇÃO ROHINGYA
AGOSTO DE 2017

Cada vez mais pessoas estão vivendo em países que não são a terra de seu nascimento. Alguns migrantes buscam melhores oportunidades econômicas, mas muitos estão fugindo da guerra, de desastres naturais ou da perseguição.

O povo Rohingya, que é majoritariamente muçulmano, vive em Mianmar há gerações, mas esse país budista lhes recusa cidadania. Diante da discriminação e perseguição ao longo de muitas décadas, os Rohingya foram forçados a fugir de suas casas. Em 2017, uma operação militar em Mianmar matou milhares de Rohingya e desencadeou o êxodo de mais de 750 mil pessoas para Bangladesh. A ONU condenou a operação caracterizando-a como limpeza étnica (a remoção forçada de um grupo étnico ou religioso de uma região), um dos crimes mais graves nos termos do direito internacional.

Esses refugiados famintos e doentes fugiram a pé para se abrigar em acampamentos improvisados. Os principais campos são geridos pela ONU e pelo governo de Bangladesh, com o apoio de organizações de assistência humanitária. Eles fornecem comida, água, atendimento médico e educação básica para as crianças. No entanto, os campos estão superlotados e são vulneráveis a doenças, à violência e ao tráfico de pessoas (comércio de pessoas para trabalho forçado).

Bangladesh é pobre e superlotada e seu próprio povo corre risco de desalojamento pelo aumento do nível do mar e pelas tempestades agravadas pelas mudanças climáticas. A comunidade acolheu os Rohingya, mas a manutenção do apoio aos refugiados é um desafio.

Fugindo para salvar a própria vida
Refugiados Rohingya atravessam o rio Naf, de Mianmar, para entrar em Bangladesh, em outubro de 2017. Eles estão indo para campos de refugiados já sobrecarregados.

"Primeiro queremos uma garantia de cidadania e devem nos chamar de Rohingya, então voltaremos."

RUHUL AMIN
Refugiado Rohingya, falando por sua família de nove pessoas

Relações internacionais

> "Se não queremos morrer juntos na guerra, devemos aprender a viver juntos em paz."
> HARRY S. TRUMAN (1884-1972)
> Ex-presidente dos Estados Unidos, em discurso na conferência de fundação da ONU

ORGANIZAÇÕES INTERNACIONAIS são...

INSTITUIÇÕES QUE PROMOVEM E APOIAM A COOPERAÇÃO E A COMPREENSÃO ENTRE OS DIFERENTES ESTADOS DO MUNDO

VEJA TAMBÉM:
← **Nacionalismo** páginas 132-133
← **Geopolítica** páginas 136-137
← **Guerra** páginas 138-139
← **Globalização** páginas 142-143

Organizações internacionais são organismos criados entre três ou mais nações para abordar questões como paz, segurança, comércio, recursos e meio ambiente. Elas são vinculadas por tratados ou outros acordos e geralmente regidas pelo direito internacional. Muitas trabalham para melhorar a vida de pessoas em todo o mundo, independentemente de raça, religião, diferenças sociais e nacionais.

TRABALHANDO JUNTOS
Uma das primeiras organizações internacionais globais foi a Liga das Nações, criada em 1920, depois do horror da Primeira Guerra Mundial. Seu objetivo era promover a paz mundial e estabelecer a ideia fundamental de que campanhas militares agressivas são um crime. Sem a adesão dos Estados Unidos e de outras nações importantes, a Liga fracassou e a Segunda Guerra Mundial estourou em 1939. No entanto, a organização serviu como modelo para as Nações Unidas (ONU), que foi fundada em 1945 e hoje conta com representantes de quase todas as nações do mundo. A ONU busca manter a paz mundial e defende os direitos humanos, o meio ambiente e o desenvolvimento econômico global. Muitos organismos internacionais, como a Organização Mundial da Saúde (OMS) e o Fundo das Nações Unidas para a Infância (Unicef), são agências especializadas da ONU. A OMS trabalha para melhorar a provisão de cuidados médicos para todos e reduzir surtos de doenças como Ebola, cólera e HIV/AIDS.

Organizações internacionais são...

ORGANIZAÇÕES REGIONAIS

Nem todas as organizações são globais. A União Europeia (UE) reúne 27 países europeus em uma parceria política e bloco comercial, enquanto a Organização do Tratado do Atlântico Norte (OTAN) junta 29 países europeus e norte-americanos em uma parceria de defesa. Existem muitas outras organizações regionais ao redor do mundo, alguns com uma perspectiva internacional. A União Africana (UA), por exemplo, promove a cooperação entre 55 Estados africanos e protege os interesses africanos no comércio internacional.

ORGANIZAÇÕES NÃO GOVERNAMENTAIS

Uma organização não governamental (ONG) é um órgão independente de qualquer governo que frequentemente opera sem fins lucrativos, em caráter beneficente. Muitas realizam trabalho humanitário e são capazes de agir onde os governos nacionais não conseguem, como em zonas de guerra. O Comitê Internacional da Cruz Vermelha (CICV) foi fundado na Suíça, em 1863, para cuidar de soldados feridos no campo de batalha. Agora é regido pelas quatro convenções de Genebra, regras que estabelecem como soldados e civis devem ser tratados em uma guerra. Uma ONG mais recente, a Médicos Sem Fronteiras (Medécins Sans Frontières), fundada em 1971, também fornece assistência médica em zonas de guerra. Nem todas as ONGs são de natureza humanitária. O Comitê Olímpico Internacional, por exemplo, visa a construir um mundo melhor através do esporte.

FRAQUEZAS

As diferentes ambições dos países membros podem transformar em um desafio o consenso e a tomada de ação de uma organização internacional. Por exemplo, os Estados membros da ONU vêm lutando para chegar a um acordo sobre as metas para combater as mudanças climáticas. A ONU há muito é criticada por ser ineficiente e gastar muito dinheiro. Seus poderes são limitados e seus membros instáveis e muitas vezes estão em desacordo. No entanto, em parte devido às iniciativas de manutenção da paz da ONU, o número de mortes por guerras diminuiu desde 1946 e menos pessoas estão morrendo de fome hoje do que no século XX.

Referências

LEITURA ADICIONAL

ABRAHAM LINCOLN (1809-1865)
Primeiro presidente republicano dos Estados Unidos, Abraham Lincoln se opôs fortemente à escravidão. Sua eleição em 1861 levou os estados do sul pró-escravidão a romper com os Estados Unidos e formar uma Confederação. Seguiram-se quatro anos de guerra civil. Em 1863, depois que os estados do norte venceram uma batalha decisiva em Gettysburg, Lincoln fez um dos discursos mais famosos da história: o Discurso de Gettysburg, que falava de igualdade e liberdade em uma nação unida. Lincoln foi assassinado por um simpatizante confederado, enquanto assistia a uma peça teatral.

ADAM SMITH (1723-1790)
O filósofo e economista escocês Adam Smith introduziu o conceito de capitalismo, o sistema político por meio do qual comércio e indústria são administrados por empresas privadas, e não pelo Estado. Em seu livro A riqueza das nações (1776), ele afirma que um mercado sem restrições do governo serve melhor aos interesses de um país.

ALEXANDER HAMILTON (CERCA DE 1755-1804)
Nascido nas Índias Ocidentais, o político americano, advogado e estadista Alexander Hamilton foi um dos fundadores dos Estados Unidos. Ele tinha uma patente das forças armadas e fez parte da ação militar durante a Guerra da Independência, antes de passar para a política. Hamilton desempenhou um papel fundamental na criação da Constituição dos Estados Unidos. Ele morreu depois de ser baleado em um duelo com um oponente político.

ALEXIS DE TOCQUEVILLE (1805-1859)
Quando o político, diplomata e historiador francês Alexis de Tocqueville visitou os Estados Unidos, em 1831, ficou impressionado ao constatar que a democracia e a igualdade estavam muito mais avançadas do que na Europa. Seu famoso livro, Da democracia na América (1835), registra suas ideias. Embora Tocqueville acreditasse em uma sociedade sem classes, ele também desconfiava das ideias socialistas e acreditava que elas acabariam criando novas divisões de classe.

ANTONIO GRAMSCI (1891-1937)
O marxista italiano Antonio Gramsci fundou – e liderou por algum tempo – o Partido Comunista da Itália. Quando o partido foi declarado ilegal em 1926 pelo regime fascista de Mussolini, Gramsci foi preso. Ele passou grande parte do resto de sua vida na prisão, escrevendo sobre suas teorias políticas.

ARISTÓTELES (CERCA DE 384-322 A.C.)
O filósofo grego Aristóteles tinha um sistema para colocar o mundo em ordem lógica, que incluía categorizar diferentes tipos de governos. Suas classificações de monarquia, tirania, aristocracia, oligarquia (os ricos governam) e democracia são reconhecidas ainda hoje.

BARACK OBAMA (1961-)
Primeiro afro-americano a ser eleito presidente dos Estados Unidos, o democrata Barack Obama governou por dois mandatos, de 2009 a 2017. Ele foi responsável por introduzir o "Obamacare", um programa para garantir cuidados de saúde à população, com sucesso limitado. Na tentativa de reduzir as hostilidades globais, Obama ordenou a retirada de milhares de tropas das zonas de guerra do Iraque e do Afeganistão. No entanto, forças militares americanas continuaram em ação em vários países ao longo de toda a presidência de Barack Obama.

BARÃO DE MONTESQUIEU (1689-1755)
O filósofo político francês Charles-Louis de Secondat, o Barão de Montesquieu, teve visões inovadoras sobre a constituição (as leis que controlam o poder político). Ele acreditava que tanto monarquias como repúblicas corriam o risco de se tornar tiranias, a menos que fossem restringidas por poderes legais. Em O espírito das leis (1748), ele examina questões políticas e jurídicas complexas.

BELL HOOKS (1952-)
Feminista afro-americana, ativista social e escritora Gloria Watkins adotou o pseudônimo bell hooks (escrito em letras minúsculas). Ela foi uma das primeiras feministas a introduzir o conceito de "interseccionalidade", que afirma que a opressão às mulheres não se baseia apenas em seu gênero, mas também em fatores como raça e classe social.

BENITO MUSSOLINI (1883-1945)
Em 1919, Benito Mussolini formou o Partido Fascista Italiano e subiu rapidamente ao poder. Em 1925 ele se autodeclarou Il Duce ("o líder") e estabeleceu uma ditadura na Itália, com controle total do governo. Após a derrota da Itália para as forças aliadas durante a Segunda Guerra Mundial, Mussolini fugiu, mas foi capturado e executado por seus próprios compatriotas.

BENJAMIN FRANKLIN (1706-1790)
Estadista, cientista e inventor, Benjamin Franklin teve um papel importante na criação dos Estados Unidos. Ele ajudou a redigir a Declaração de Independência, em 1776, depois de viver na Inglaterra por muitos anos e de tentar resolver as diferenças entre a Grã-Bretanha e as colônias americanas.

Leitura adicional

BETTY FRIEDAN (1921-2006)
Quando a escritora e ativista estadunidense Betty Friedan publicou seu livro *A mística feminina*, em 1963, ela inspirou muitas mulheres a pensarem em conquistar objetivos fora de casa. Friedan fez campanha pelos direitos das mulheres e foi cofundadora do grupo feminista Organização Nacional para as Mulheres.

CHE GUEVARA, VER PÁGINAS 106–107

EDMUND BURKE (1729-1797)
Considerado o fundador do conservadorismo moderno, o político anglo-irlandês do partido Whig, Edmund Burke foi membro do Parlamento britânico por quase trinta anos, e se envolveu particularmente em debates sobre as políticas coloniais do país. Quando a Revolução Francesa estourou, em 1789, ele fez uma oposição sem rodeios ao que considerava como governo da plebe.

EDWARD SAID (1935-2003)
Estudioso e crítico literário palestino-americano, Edward Said se preocupava principalmente com a política cultural. Sua obra mais famosa, *Orientalismo* (1978), critica a atitude superior do Ocidente em relação às culturas orientais.

EMMA GOLDMAN (1869-1940)
A anarquista internacional Emma Goldman cresceu na Lituânia e emigrou para os Estados Unidos em 1885, onde defendeu causas como liberdade de expressão e igualdade das mulheres. Suspeita de atividades subversivas, ela teve sua naturalização americana revogada em 1919. Deportada para a Rússia, Emma Goldman manteve a rebeldia no exílio, e viveu na Suécia, Alemanha, França, Inglaterra e Canadá.

FRANCISCO FRANCO (1892-1975)
Em 1936, o político espanhol e líder do partido Nacionalista, Francisco Franco, liderou uma revolta contra o governo republicano eleito na Espanha. Muitos morreram nos anos de guerra civil que se seguiram, mas a vitória de Franco o colocou no poder e ele governou a Espanha como ditador de 1939 até sua morte em 1975.

FRIEDRICH ENGELS (1820-1895)
Junto com Karl Marx, o socialista alemão Friedrich Engels foi um dos fundadores do comunismo. Ele e Marx acreditavam que o trabalhador comum era explorado por seus empregadores capitalistas. Entre os diversos textos que Engels e Marx produziram *O Manifesto Comunista* (1848), que previa a revolução na Europa.

FRIEDRICH VON HAYEK (1899-1992)
Economista e cientista social nascido na Áustria, von Hayek assumiu a nacionalidade britânica em 1938. Suas pesquisas pioneiras sobre a relação entre política, negócios e mudanças nas condições econômicas lhe renderam em 1974 um prêmio Nobel de Economia compartilhado.

GEORGE ORWELL (1903-1950)
O escritor socialista britânico George Orwell, pseudônimo de Eric Blair, deixou claro seu horror aos regimes opressores em seus dois livros mais lidos: *A revolução dos bichos* (1945), uma alegoria sobre a traição dos ideais comunistas contada através das vozes de animais de uma fazenda; e o aterrorizante *1984* (1949), ambientado em um futuro imaginário em que o Estado (o "Big Brother") tinha controle total. Orwell também foi um jornalista aclamado e autor de muitos textos de não ficção.

GEORGE W BUSH (1946-)
Ex-governador do Texas, o republicano George W Bush tornou-se o 43º presidente dos Estados Unidos (2001-2008). Ele estava em seu primeiro ano no governo quando ataques terroristas destruíram as torres gêmeas em Nova York. A reação controversa de Bush, que declarou "Guerra ao Terror" e enviou tropas ao Iraque e ao Afeganistão, dividiu opiniões em todo o mundo.

GEORGE WASHINGTON (1732-1799)
Comandante supremo do exército americano e da marinha, e herói da Guerra da Independência Americana, George Washington foi eleito o primeiro presidente dos Estados Unidos, cargo que ocupou de 1789 a 1797. Ele ajudou a redigir a Constituição dos Estados Unidos e foi a primeira pessoa a assiná-la.

HANNAH ARENDT (1906-1975)
A filósofa política Hannah Arendt deixou sua Alemanha natal na década de 1930 para escapar do nazismo, e acabou se estabelecendo nos Estados Unidos. Ela despertou controvérsia com seus textos políticos. Um de seus livros mais importantes, *As origens do totalitarismo* (1951), examina sistemas de governo, como comunismo e fascismo, que proíbem liberdades pessoais e impõem controle total.

JEAN-JACQUES ROUSSEAU (1712-1778)
Filósofo e escritor nascido em Genebra, Jean-Jacques Rousseau viveu a maior parte de sua vida na França. Ele foi um dos líderes do Iluminismo, um movimento intelectual do século XVIII que questionava o ensino religioso e acreditava no uso da razão. Teorias de Rousseau sobre liberdade social influenciaram o pensamento político moderno.

JEREMY BENTHAM (1748-1832)
Nascido em Londres, o ativista social britânico Jeremy Bentham tinha opiniões fortes sobre a reforma prisional e o sistema legal. Ele introduziu o Utilitarismo, uma teoria que sugere que as escolhas certas na vida devem ser aquelas que beneficiam o maior número de pessoas.

Referências

JOHN KENNETH GALBRAITH (1908-2006)
O economista canadense John Galbraith passou a maior parte de sua vida nos Estados Unidos, onde combinou a carreira acadêmica com um papel ativo na política. Em uma de suas obras mais importantes, *A sociedade afluente* (1958), Galbraith critica a obsessão dos Estados Unidos em gastar dinheiro com bem de consumo, à custa do financiamento de serviços públicos.

JOHN LOCKE (1632-1704)
O filósofo inglês John Locke introduziu o princípio do liberalismo: a teoria de que o objetivo do governo deve ser fazer leis para salvaguardar a liberdade e a igualdade das pessoas. Seu livro *Dois tratados sobre o governo* (1689) lançou as bases para a mudança do poder político da monarquia dominante para o Parlamento.

JOHN MAYNARD KEYNES (1883-1946)
Poucos economistas do século XX geraram mais impacto do que o acadêmico britânico John Maynard Keynes. Sua famosa teoria "keynesiana" afirma que os governos devem gerenciar impostos e gastos públicos de maneira a aumentar a demanda por bens e serviços e, assim, impulsionar a economia.

JOHN RAWLS (1921-2002)
O acadêmico estadunidense John Rawls é considerado um dos filósofos políticos e morais mais influentes de sua época. Seu principal trabalho sobre liberalismo, *Uma teoria da justiça* (1970), aborda o que é necessário para criar uma sociedade justa.

JOHN STUART MILL (1806-1873)
O político e economista britânico John Stuart Mill acreditava que, em uma sociedade saudável, os indivíduos devem ser livres para falar e agir, desde que nenhum dano seja causado a outras pessoas. Seu livro *Sobre a liberdade* (1859) foi uma grande influência para o pensamento liberal. Mill apoiava os direitos das mulheres, o que era incomum para o seu tempo. Sua esposa, Harriet Taylor Mill, compartilhava de suas convicções e contribuiu com muitas ideias para seus trabalhos mais notáveis.

JOSEPH STALIN (1878-1953)
O revolucionário, comunista e ditador Joseph Stalin se tornou líder da União Soviética em 1929 e governou com mão de ferro até morrer. Stalin mantinha indústria e economia sob controle estatal e sua política de coletivização, que forçava os agricultores a abrirem mão de suas terras, levou a revoltas e à fome. Sob Stalin, milhões de pessoas morreram ou desapareceram, acusadas de crimes contra o Estado.

JUDITH BUTLER (1956-)
Socióloga norte-americana, filósofa e ativista de direitos humanos dos Estados Unidos, Judith Butler é há décadas uma importante influência na política do feminismo e de gênero. Em seu livro *Problemas de gênero* (1990), ela desafia visões tradicionais sobre o que torna as pessoas homens ou mulheres.

KARL MARX, VER PÁGINAS 44-45

LENIN (1870-1924)
O revolucionário russo Vladimir Ilyich Ulyanov, conhecido como Lenin, liderou a revolução que depôs o czar em 1917. Como líder do Partido Bolchevique, ele assumiu o governo da Rússia Soviética a partir de 1917 e fundou o primeiro Estado comunista do mundo, a União Soviética, em 1922. Uma tentativa de assassinato em 1918 deixou Lenin com problemas de saúde pelo resto da vida. Depois de sua morte, ele foi sucedido por Joseph Stalin.

LEON TROTSKI (1879-1940)
O marxista e revolucionário russo Leon Trotski se juntou ao Partido Bolchevique de esquerda em 1917, pouco depois da deposição do czar. Ele atuou no novo regime primeiro na área de relações exteriores, e depois como comissário de guerra. Impopular dentro do que se tornou, em 1918, o Partido Comunista Russo, foi mandado para o exílio. Trotski refugiou-se no México, onde foi assassinado sob as ordens de Stalin em 1940.

MAHATMA GANDHI, VER PÁGINAS 130-131

MAO TSÉ-TUNG (1893-1976)
Um poderoso ícone do comunismo, Mao estabeleceu a República Popular da China em 1949. Ao derrotar as forças nacionalistas com o Exército de Libertação Popular, ele lançou as bases para uma China moderna. Como presidente ou líder de Estado, Mao fez algumas alterações que modernizaram alguns pontos atrasados do sistema de governo da China, mas seus métodos brutais provocaram milhões de mortes, principalmente entre a classe camponesa.

MARCUS GARVEY (1887-1940)
O ativista político jamaicano Marcus Garvey iniciou o movimento "Back-to-África" (Retorno à África), nos Estados Unidos, para incentivar os afro-americanos a retornarem à terra natal de seus ancestrais. Foram publicados inúmeros livros com seus textos e discursos. Em 1922, ele foi acusado de fraude e passou cinco anos na cadeia. Depois de ser deportado para a Jamaica, Garvey se mudou para a Grã-Bretanha, onde permaneceu até sua morte.

MARGARET THATCHER (1925-2013)
A política conservadora britânica Margaret Thatcher foi a primeira mulher a ocupar o cargo de primeira-ministra da Grã-Bretanha, com três mandatos consecutivos, de 1979 a 1990. Ela acreditava fortemente que o comércio e a indústria devem poder operar livres do controle do governo e da propriedade do Estado, uma filosofia que veio a ser conhecida como "thatcherismo".

Leitura adicional

MARTIN LUTHER KING JR. (1929-1968)
O pastor Martin Luther King Jr. liderou o movimento pelos direitos civis dos Estados Unidos desde 1955 até seu assassinato em 1968. King esteve à frente de algumas das maiores manifestações e marchas já vistas nos Estados Unidos, exortando seus apoiadores a adotarem métodos pacíficos de protesto. Ele foi premiado com o Nobel da Paz em 1964, ano em que a Lei dos Direitos Civis tornou a discriminação racial ilegal nos Estados Unidos.

MARY WOLLSTONECRAFT, VER PÁGINAS 90-91

MAX WEBER (1864-1920)
O economista alemão Max Weber é descrito como fundador da sociologia atual. Entre seus escritos está o livro *A ética protestante e o espírito do capitalismo* (1905), que examina a ética de trabalho comum entre o protestantismo e o capitalismo – embora no primeiro caso a recompensa espiritual seja o produto final; e no outro, seja o ganho financeiro.

MILTON FRIEDMAN (1912-2006)
O economista Milton Friedman foi uma força importante na política monetária dos Estados Unidos, e era famoso por suas teorias sobre o capitalismo de livre mercado. Sob esse sistema, oferta e demanda dependem de acordos entre indivíduos, e existe pouco ou nenhum controle governamental.

NELSON MANDELA, VER PÁGINAS 34-35

NICOLAU MAQUIAVEL (1469-1527)
Filósofo italiano do Renascimento, Maquiavel escreveu um tratado político, *O príncipe* (1532), explicando o que o líder deve ou não fazer para garantir seu sucesso. O termo "maquiavélico" hoje é usado para descrever o comportamento de pessoas que usam qualquer meio para alcançar suas ambições.

OLYMPE DE GOUGES (1748-1793)
Ativista política francesa, feminista, dramaturga e aristocrata, Olympe de Gouges fez uma campanha vigorosa pelos direitos das mulheres e pela abolição do tráfico de escravos. Durante o Período do Terror na Revolução Francesa foi acusada de criticar o governo e condenada à morte na guilhotina.

PIERRE-JOSEPH PROUDHON (1809-1865)
A famosa frase "propriedade é roubo" vem de *O que é a propriedade?* (1840), um livro escrito pelo político francês Pierre-Joseph Proudhon. Anarquista autodeclarado, Proudhon acreditava na liberdade e na igualdade, mas reconheceu que nem sempre as revoluções melhoram a vida dos pobres.

ROBERT OWEN (1771-1858)
Proprietário de uma fábrica têxtil, o britânico Robert Owen, foi um dos reformadores sociais mais ativos de sua época. As péssimas condições sob as quais trabalhavam e viviam os funcionários da fábrica o levaram a defender melhorias na assistência a eles. Owen testou comunidades cooperativas, que acabaram falhando, e expôs suas ideias para uma utopia socialista em seu livro *Nova visão da sociedade* (1813).

RONALD REAGAN (1911-2004)
Ex-ator de cinema que se tornou político do Partido Republicano, Ronald Reagan foi presidente dos Estados Unidos de 1981 a 1989. Em um programa popularmente chamado de "Reaganomics", ele buscou reduzir impostos e fazer cortes na assistência social. O escândalo "Caso Irã-Contras", em meados da década de 1980, prejudicou os últimos anos de Reagan no cargo, embora seu envolvimento direto seja discutível.

ROSA LUXEMBURGO (1871-1919)
A revolucionária marxista Rosa Luxemburgo nasceu na Polônia, mas depois adotou a cidadania alemã. Idealista, ela apoiou greves de trabalhadores para derrubar o capitalismo e fundou a Liga Spartacus, precursora do Partido Comunista Alemão. Rosa Luxemburgo morreu baleada pelo exército alemão quando estava envolvida em atividades políticas clandestinas em Berlim.

SIMONE DE BEAUVOIR (1908-1986)
Escritora de esquerda francesa, filósofa e ativista política, Simone de Beauvoir ficou mais conhecida como defensora dos direitos das mulheres. Seu livro *O segundo sexo* (1949), que analisa como as mulheres ficam presas a papéis de subordinação em um mundo dominado pelos homens, ainda é um texto que influencia as feministas do século XXI.

THOMAS JEFFERSON (1743-1826)
Um dos Pais Fundadores dos Estados Unidos e terceiro presidente do país, Thomas Jefferson é mais conhecido por ter redigido a Declaração de Independência, lida pela primeira vez em público em julho de 1776. Essa foi uma declaração formal de que as colônias norte-americanas pretendiam lutar para se libertarem do domínio britânico.

THOMAS HOBBES (1588-1679)
O filósofo inglês Thomas Hobbes foi um pioneiro no pensamento político. Ele acreditava que o governo da monarquia absoluta era a única maneira de garantir uma sociedade bem-organizada, e expôs essas opiniões em seu famoso livro, *Leviatã* (1651).

THOMAS PAINE (1737-1809)
O ativista e republicano britânico Thomas Paine residiu nos Estados Unidos por muitos anos. Ele escreveu um panfleto muito importante, *Senso comum* (1774), apoiando a independência para as colônias americanas. De volta a Londres, Paine redigiu *Os direitos do homem* (1791), em defesa da Revolução Francesa, o que lhe valeu o desprezo do governo britânico.

GLOSSÁRIO

-arquia / -cracia
Uma palavra que termina com -arquia ou -cracia descreve um tipo de governo, como "monarquia" ou "democracia".

-ismo
Uma palavra que termina com -ismo é o nome dado a um conjunto específico de ideias políticas ou ideologias, como por exemplo o "capitalismo", ou outras crenças, como o "feminismo".

absolutismo
Estilo de governo no qual uma pessoa ou um grupo político tem controle total sobre tudo.

antiético
Moral ou legalmente inaceitável.

assédio
Comportamento indesejado ou não solicitado que faz alguém se sentir intimidado, ameaçado ou violado.

assimilação
Processo pelo qual pessoas com origens étnicas e culturas diferentes da maioria assumem gradualmente muitas das características do grupo dominante.

ativista
Alguém que defende publicamente determinada política ou ação.

austeridade
Conjunto de medidas tomadas por um governo para reduzir seu déficit orçamentário. Tais medidas envolvem corte de gastos públicos e aumento da tributação.

autocracia
Forma de governo na qual uma pessoa ou grupo detém poder total.

autonomia
O direito de um Estado ou território ser autônomo.

autoridade
O direito ou poder de impor regras sobre outra pessoa.

autoritarismo
Controle inflexível por um governo que restringe direitos e liberdades das pessoas.

burguesia
Grupo social que compreende em grande parte capitalistas de classe média.

capital
Ativos financeiros ou outros patrimônios como terrenos ou edifícios.

cédula
Sistema usado para o eleitor marcar os candidatos em uma eleição, por meio dela, as pessoas depositam seus votos em segredo.

chefe de Estado
O representante principal de um Estado, que muitas vezes detém um papel basicamente simbólico e é, às vezes, também o chefe do governo. Geralmente um monarca ou presidente.

chefe de governo
O líder de um governo, quem detém mais autoridade e poder político.

cidadão
Pessoa que pertence legalmente a um país em particular e tem acesso aos direitos e a proteção garantidos por esse país.

civil
Refere-se às pessoas de um país que não são ligadas a militares ou organizações religiosas.

coalizão
No governo, uma aliança temporária de diferentes partidos políticos, geralmente quando nenhum partido teve maioria de votos em uma eleição.

confederação
Uma aliança entre diferentes grupos de pessoas que trabalham juntas para alcançar objetivos políticos comuns, mas mantêm a maior parte do controle de suas próprias áreas.

constitucionalismo
Forma de governo que segue uma constituição: as leis e princípios escritos de um país.

contrato social
Um contrato entre os membros de uma sociedade e seu governo concordando com políticas e leis aceitáveis para ambos os lados.

corrupção
O uso desonesto ou criminoso do poder para ganho particular ou político.

cultura
Os costumes, comportamentos e normas sociais de um país ou sociedade.

democracia iliberal
Um sistema político em que o governo é eleito pelo povo, mas

Glossário

restringe sua liberdade e bloqueia a divulgação de informações sobre suas ações.

democracia liberal
Uma forma de governo democrática em que o poder político é limitado por lei e os direitos e a liberdade das pessoas são protegidos.

desobediência civil
Uma recusa não violenta de obedecer às leis feitas pelo governo.

déspota
Um governante que detém poder absoluto e usa esse poder para oprimir ou aterrorizar o povo.

desregulamentação
Retirada do controle governamental de uma empresa ou indústria.

diplomacia
Arte de conduzir negociações internacionais entre governos e seus representantes.

direita, de
Que tem simpatia por objetivos e ideologias reacionários ou conservadores.

distopia
Uma sociedade imaginária do futuro em que normalmente existe alguma forma de controle total sobre pessoas oprimidas.

disseminação
Divulgação de informações.

elitismo
Crença de que a sociedade deve ser governada pelas pessoas que detêm maior riqueza, poder e privilégio.

esquerda, de
Que tem simpatia por objetivos e ideologias socialistas ou comunistas.

Estado
Uma região política e as pessoas que vivem nela, sob a liderança de um governante que pode ou não ter sido eleito democraticamente.

estado de direito
O conceito de que todos os membros da sociedade, tanto indivíduos da iniciativa privada quanto os que servem ao governo, estão sujeitos a leis justas.

Estado-nação
Um Estado independente em que a maioria dos cidadãos compartilha um idioma e uma cultura comuns.

estratégia
Plano para alcançar um ou mais objetivos.

ético
Em conformidade com os padrões de comportamento moral e legalmente aceitáveis.

executivo
Ramo do governo responsável por garantir que leis e políticas sejam postas em prática.

extremismo
Exploração de opiniões políticas ou religiosas extremas, especialmente aquelas que toleram o uso da violência.

federação
Um sistema de governo, como o dos Estados Unidos, onde um grupo de autoridades faz as regras de Estado, mas retêm o poder sobre sua própria área.

franquia
Em termos políticos, o direito de votar em uma eleição.

fundamentalismo
A estrita observância de uma religião ou conjunto de crenças políticas que não permitem quaisquer opiniões diferentes.

governo
O controle político de um Estado ou sociedade; também o grupo de pessoas que exerce esse controle.

grupo de interesse
Um grupo formal de pessoas ou organizações que tentam alcançar os próprios objetivos pressionando um governo para que mude uma política.

grupo de pressão
Pessoas com um interesse comum que se juntam para persuadir os que estão no poder a apoiar sua causa.

guerrilha
Guerra travada por pequenos grupos de combatentes civis independentes contra as forças armadas oficiais. As táticas de guerrilha incluem emboscadas, ataques-surpresa e propaganda.

ideologia
As ideias e convicções que formam a base das crenças de um grupo. O socialismo, o liberalismo e o conservadorismo são ideologias políticas.

igualitarismo
Crença de que todas as pessoas são iguais social, política e economicamente.

iliberal
Ser contrário à crença de que as pessoas deveriam ter liberdade de escolha e de expressão.

Iluminismo
Período de desenvolvimento intelectual do século XVIII, na Europa, quando pensadores questionaram ideias sobre

Glossário

religião há muito estabelecidas e tentaram encontrar novas maneiras de pensar.

imposto
Um pagamento obrigatório ao governo, baseado em receita e ativos, que é usado para financiar serviços públicos como educação, segurança e a manutenção de estradas.

inalienável
Na política, um direito inalienável é aquele que não pode ser dado, retirado ou transferido.

independência
A liberdade de um país, Estado ou sociedade de se autogovernar. Um político independente é aquele que concorre a um cargo sem se identificar com qualquer partido político específico.

judiciário
Ramo do governo responsável por administrar a justiça e que inclui os tribunais.

laissez-faire
O termo vem do francês e significa "deixar fazer". É usado para descrever uma das teorias do capitalismo – a de que um sistema econômico funciona melhor sem a interferência do governo.

legislatura
Grupo de pessoas responsáveis pela criação de leis para um estado ou cidade.

lei marcial
Controle militar que substitui o governo civil normal de um país, normalmente para manter a ordem em tempos de crise.

libertarismo
Teoria de que deveria haver maior liberdade para os cidadãos em uma sociedade e menos controle do governo.

livre mercado
Uma forma de economia que é controlada pela oferta e demanda, sem envolvimento do governo.

lobby
Quando se tenta convencer alguém com influência política de que uma situação ou parte da legislação deve ser alterada.

mandato
Autorização para fazer alguma coisa. Na política, um mandato é uma instrução formal de um eleitorado para seus representantes no governo; tempo de governo.

manifesto
Declaração publicada dos objetivos e intenções de um partido político.

Maoísmo
Uma variação do marxismo-leninismo associada à política e aos ensinamentos de Mao Tsé-Tung, presidente do Partido Comunista da China de 1949 a 1976.

marxismo-leninismo
Uma variação da teoria marxista que foi formulada pelo político e revolucionário russo Lenin (1870-1924) e tornou-se a ideologia do Partido Comunista da União Soviética.

meios de produção
Na teoria marxista, esses são os recursos, como fábricas, máquinas e materiais, necessários para produzir bens e serviços, bem como a força de trabalho que os utiliza.

monetarismo
A teoria de que um governo pode criar uma economia estável controlando o estoque de dinheiro.

municipal
Refere-se a um município e às pessoas que moram nele.

nacionalização
A aquisição de empresas privadas ou indústrias pelo governo para mantê-las sob controle estatal.

nominal
Que existe apenas no nome. Por exemplo, um presidente nominal pode ser chamado de presidente, mas não tem poderes ou deveres presidenciais completos.

oferta e procura
Equilíbrio entre a quantidade de bens disponíveis e o número de pessoas que querem comprar os produtos.

parcialidade
Uma forte preferência por ou preconceito contra alguma coisa. O termo é frequentemente usado em relação à mídia, que é vista com tendência para se inclinar a um ponto de vista político ou outro.

Parlamento
O ramo legislativo do governo de um país, geralmente composto por políticos eleitos. Entre os deveres de um Parlamento estão monitoramento das práticas do governo e aprovação pública dos gastos.

partido político
Grupo organizado de pessoas que compartilham das mesmas opiniões políticas e buscam alcançar poder político através de seu representante eleito.

patriarcado
Um sistema social em que os homens são dominantes em relação às mulheres, detendo todo o poder político e o controle exclusivo das finanças e propriedades.

Glossário

política fiscal
Maneira como um governo ajusta impostos e gastos para influenciar as condições econômicas de um país.

pragmatismo
Uma das ideias principais do conservadorismo: que a tomada de decisão deve ser um processo flexível, baseado em considerações práticas e não em teorias.

presidente
O líder de um Estado republicano, geralmente eleito pelo povo.

primeiro-ministro
O líder do partido político que está no governo.

privatização
Transformar em propriedade privada um serviço ou uma indústria administrados pelo governo, como cuidados de saúde ou transporte.

proletariado
Na teoria marxista, as classes trabalhadoras.

propaganda
Divulgação de informações para promover uma causa, sempre fortemente parcial em relação a um conjunto de opiniões e, muitas vezes, enganosa.

racismo
Preconceito e discriminação contra determinadas pessoas pela crença de que a raça faz com que sejam inferiores de algum modo.

radicalismo
A crença em que medidas extremas são justificadas para levar mudanças à sociedade.

reacionário
Que se opõe à mudança ou reforma social ou política.

referendo
Uma votação proposta ao eleitorado de forma geral para que decida sobre uma ação política proposta.

reforma
Na política, uma emenda é feita a uma prática ou lei para melhorá-la.

representação
O processo de falar ou agir em nome de alguém. Um político pode representar ou agir em nome de um grupo de pessoas.

republicanismo
A teoria de que uma república, idealmente um Estado liderado por um chefe eleito democraticamente, é uma forma de governo melhor do que uma monarquia. Nos Estados Unidos, o termo significa apoio ao Partido Republicano.

sectarismo
Forte apoio a um grupo político ou religioso.

secularismo
Crença de que a religião deveria ser mantida separada das atividades políticas e dos assuntos cotidianos da sociedade.

sexismo
Discriminação ou preconceito contra alguém por causa do sexo dessa pessoa.

sistema de classe
Organização de pessoas em grupos que indicam sua posição em uma sociedade, como classe média ou trabalhadora.

soberania
A autoridade detida pelo governante de um Estado que não é sujeito a qualquer controle ou influência externa.

soberano
O governante com o maior poder em um país.

sociedade
As pessoas que compõem uma comunidade organizada dentro de uma região ou Estado e que interagem umas com as outras em uma base regular.

sociedade civil
Setor da sociedade que inclui organizações como empresas e instituições de caridade, e age para benefício público, mas não faz parte do governo.

tirania
Governo em que uma pessoa assume o controle para atender aos próprios interesses, e não o bem geral.

União Soviética
Outro nome para a URSS.

URSS
União das Repúblicas Socialistas Soviéticas: de 1922 a 1991, foi o nome dado à confederação de Estados socialistas que substituiu o antigo Império Czarista Russo.

utopia
Uma sociedade imaginada em que tudo é perfeito, com leis justas, governo honesto e um estilo de vida ideal para todos os cidadãos.

ÍNDICE

Números de páginas em **negrito** se referem a entradas principais.

A
abuso e exploração sexual 77
acionistas 52
Acordo de Paris 109, 111
Áden 129
Additional Member System (Sistema de Candidato Adicional) 85
Afeganistão 89
África 25, 34, 89, 94-95, 117, 119, 121, 122, 129, 130, 133, 137, 147
África do Sul 34, 89, 119, 130
afro-americanos 77, 78-79, 88-89
água 136, **137**
Al Qaeda 118
al-Gaddafi, Muammar 24
al-Jabbouri, Kadhim 141
Alcorão 20
Alemanha 26, 27, 54-55, 59, 61, 62-63, 81, 85, 92, 95, 101, 108, 117, 133, 136
Alemanha Ocidental 54
Alemanha Oriental 54
alfabetização/analfabetismo 87, 88
Ali, Califa 20
alt-right (direita alternativa) 61
ambientalismo 33, 104, **108-109**
América Central 94
América do Sul 89, 92, 94, 103, 106, 129
Amigos da Terra 109
anarcossindicalismo 37
anarquismo **36-37**, 51
Anistia Internacional 77, 104
Annan, Kofi 142
anti-imigração 61, 65, 67, 101
anticapitalismo 46, 53
antiestablishment 67
antiglobalização 37
antigovernamentais manifestações 105
antissemitismo 61

Arábia Saudita 17, 21, 88, 137
Arendt, Hannah 26, 27, 102, 148
Argélia 129
Argentina 89, 94, 106, 129
aristocracia 16, 18, 30
Aristóteles 17, 30, 33, 148
armas biológicas 140
armas de destruição em massa (ADM) 140
armas nucleares 29, 105, **138-139**, 140
armas químicas 139, 140
assédio sexual 113
assembleia 18, 71, 72, 80, 82, 84
assimilação 116
Ataques de 11 de setembro 118, 140
Atenas 32, 33
ativismo 83, 99, **104-105**, 109, 113
ativismo por hashtag 99, 105
ativismo local 104
Augusto, Imperador 16
austeridade 57
Austrália 89, 92, 108
Áustria 89
autoaperfeiçoamento 58
autocracias 15
autoritarismo 24-27, 60-61, 103, 105

B
Ban Ki-Moon 108, 123
bancos 57
Bangladesh 144
Bastilha, queda da 18-19
Bates, Laura 113
Batista, Fulgencio 106
Beauvoir, Simone de 148
bem-estar social, garantia de 42, 43, 57, 117
Bentham, Jeremy 148
Bíblia 20
Black Lives Matter, movimento 77
Blair, Tony 57
Boicote aos ônibus em Montgomery **78-79**
boicotes 99
Bolcheviques 47
Bolívia 106
Bolsonaro, Jair 103
Bonaparte, Napoleão 18

Bouazizi, Mohamed 122
Brasil 89, 92, 103
Brexit 30, 85
Buck, Pearl S 136
Burke, Edmund 148
Burke, Tarana 113
burocracia confuciana 31
Bush, George W 140, 148
Butler, Judith 148

C
califas 20
câmara de eco 103
Campanha para Desarmamento Nuclear (CND) 105,139
campanhas
 eleitorais 57, 64, 87, 89, 103
 militar 106, 140
 populares 64, 77, 79, 88, 99,101, 104-105, 113, 114, 130,139
campos de gás natural 137
Canadá 84, 92, 116–117, 133
candidatos 84, 85
capital, movimento global de 142, 143
capitalismo 36, 37, 42, 43, 44, 46, 50, **52-53**, 56, 59, 129,143
controlado pelo Estado 49
capitalismo de Estado 53
Carlos I da Inglaterra 17
Carson, Rachel 108
Castro, Fidel e Raúl 106
Catalunha 133, **134-135**
censura 100, **101**
César, Júlio 128
Chávez, Hugo 64, 65
China 29, 31, 44, 47, 48-49, 53, 83, 101, 103, 120, 129, 136, 137
Chirac, Jacques 118
ciberterrorismo 119
cidades-Estado, Grécia 30
Cinturão e Rota da Seda 137
Ciro, o Grande 76
classe social 58, 87
Clinton, Bill 57
Clinton, Hillary 67
coalizões 83, 85
Colômbia 119
colonialismo 74, **128-130**, 133
comércio 67, 127, 128, 136, 137, 142
Comitê Internacional da Cruz Vermelha (CICV) 147
competição 52, 53
Comuna de Paris 42
comunas 36, 37, 42
comunismo 24, 25, 29, 31, 41, 42, 43, 44, **46-47**, 49, 54, 94, 102, 119, 120, 121, 133
Congresso 74, 80, 82, 83, 84, 92-93, 95
Congresso Nacional Africano (ANC) 34, 119
Congresso Nacional Indiano 130
conservação 108, 109
conservadorismo 41, **58-59**, 83
constituições 17, 21, 71, **72-75**, 95
contraterrorismo 119
contrato social 50
Convenções de Genebra 147
cooperação internacional 127
Coreia do Norte 25, 26, 27, **28-29**, 47, 83, 101, 139
corrida armamentista 105, 138
corrupção 49, 64, 102, 104,122
Cortina de Ferro 54
crescimento econômico 31, 53, 57
crianças, direitos das 77
criminosos 89
crise financeira global (2008) 42, 57, 65
cristandade
 e conservadorismo 59
 e teocracia 20-21
Cuba 44, 47
cultos de personalidade 29, 44
Curdos 133

D
debate, político 32, 80, 82-83, 101
Declaração de Direitos 74
Declaração dos Direitos do Homem e do Cidadão 72, 73
Declaração Universal dos Direitos humanos 76, 100
Delors, Jacques 42
demagogos 64
democracia 15, **32-33**, **70-71**, 122, 129
 constituições 73

Índice

debate político 82
ditaduras e 24-25
eleições e sufrágio 86, 87, 88
liberal 50, 143
mídia e 102
poderes de emergência 95
separação de poderes 81
socialismo democrático 43
democracia direta 32
democracia parlamentar 82, 83, 84, 87
democracia representativa 32, 84
desastres naturais 37, 95, 109, 116, 144
descolonização **129**
desigualdade social 65
desinformação 103
detenção sem julgamento 95, 130
Deus, teocracia **20-21**
Dinamarca 43
dinastia Kim 25, 27, 29
direita, políticos de 41
direito divino 17, 20, 50
direito internacional 139, 144
direitos civis 26, 34, 36, 53, 71, **72-73**, 74, **76-79**, 92, 95
direitos das pessoas com deficiência 51, 77
direitos humanos 50, 71, 73, **76-77**, 100, 101, 104, 117
direitos LGBTQ 51, 77, 117
direitos naturais 51, 76
discriminação racial 34, 78-79, 88-89, 119, 130
discurso de ódio 100, 101
disputas territoriais 127
ditadura **24-25**, 47, 60, 63, 83, 94, 106, 138, 140
ditaduras militares 24, 60, 61
diversidade cultural 116-117
divisão do poder
federalismo 92
modelo tripartido 73, 80-81
divórcio 113
doença 127
dominação cultural 129
dominação econômica 129
Douglass, Frederick 120

E

ecologia 108
economia

globalização 142-143
gotejamento, de 59
liberalismo 50-51
Marxismo 44
neoliberalismo 56-57
economias mistas 41, 53
Egito 121, 122, 137
eleições 33, 71, 73, 81, 83, **84-89**, 99, 122
elites 30-31, 64, 65
emendas constitucionais 73, 74
emergências nacionais 95
Engels, Friedrich 37, 44, 46,148
envio 136
era pós-colonial 94
Erdogan, Recep Tayyip 25
Escócia 85, 93, 118, 133
escravidão 116
Espanha 25, 37, 61, 64, 65, 119, 133, 134-135
esportes 77, 147
esquerda, políticos de 41
Estado Islâmico (Isis) 119
Estados
federalismo **92-93**
separação entre a igreja e os 21
Estados Unidos 21, 36, 43, 50, 51, 52, 59, 95
alt-right (direita alternativa) 61
Constituição dos Estados Unidos 72, 73, **74-75**, 92, 101
Declaração de Independência 76
democracia presidencial 81, 82, 83
eleições e sufrágio 67, 88
federalismo 92-93
imigração 116
movimento de direitos civis 77, 78-79
neoliberalismo 53, 56-57
populismo 64, 66-67
relações internacionais 22, 102, 105, 129, 137, 139, 140
terrorismo 118, 119
Estados unipartidários 83
Estados unitários 93
Estados-nação 132, 133, 143
ETA 119
ética de trabalho 58
Etiópia 137

Europa Oriental 31, 54, 121
executivo 73, 80, 81
executivo, compartilhamento do poder 85
exploração 44, 46, 53, 77, 129
expressão, liberdade de 27, 50, 51, 72, 76, 83, **100-101**

F

fake news 67, 103
família 58
Farage, Nigel 64
FARC 119
fascismo 25, 26, **60-61**, 63, 132
federalismo **92-93**, 143
feminismo 90, **112-113**
Finlândia 43
first past the post, sistema eleitoral **84**
fome 49, 147
forças armadas 138
França 17, 18-19, 21, 42, 61,64, 65, 72, 73, 81, 84, 113,129
Franco, Francisco 25, 61, 148
Franklin, Benjamin 148
Frederico, o Grande
freios e contrapesos 71, 81
Friedan, Betty 148
Friedman, Milton 56, 148
Fundo das Nações Unidas para a Infância (Unicef) 146
Fundo Monetário Internacional (FMI) 142
Fundo Mundial para a Natureza 104

G

gabinete 81
Galbraith, John Kenneth 148-149
Gandhi, Mohandas Karamchand (Mahatma) 86, **130-131**
Garvey, Marcus 149
Gaulle, Charles de 132
geopolítica **136-137**
Gestapo 61
gilets jaunes 65
globalização 57, 65, 127, **142-143**
Godwin, William 90
Goldman, Emma 36-37, 149
golpe de estado 25, **94-95**, 106

golpes militares **94-95**
Gouges, Olympe de 149
governo
instituições de 71
tipos de **14-15**
três ramos de **80-81**
governo local 83
governo regional 92-93
Gramsci, Antonio 149
Grande Depressão 51, 56
Grande Salto para a Frente 49
Grécia 65 30, 32, 33, 81, 88
antiga 100
Greenpeace 109
greve do clima 105, **110–111**
greves 104, 105, 110-11, 121
greves de fome 114
grupos de milícias 36
grupos de pressão 99, 104, 109
grupos minoritários 116, 117
representação de 84, 85
guerra 95, 104, 116, 117, **138-141**, 144, 147
guerra civil 37, 61, 117, 121, 122, 141
Guerra Civil Espanhola 37, 61
Guerra da Coreia 139
Guerra da Independência Americana, 74
Guerra do Iraque **140-141**
Guerra do Vietnã 102, 139
Guerra Fria 54, 94, 138
guerrilha 106, 119
Guevara, Ernesto "Che" **106-107**

H

Hamilton, Alexander 149
Harvey, David 56
Havel, Václav 121
Hayek, Friedrich von 56, 149
Hegel, Georg 44
Hersh, Seymour 102
Hitler, Adolf 26, 61, **62-63**, 95
Hobbes, Thomas 149
Holocausto 95
homogeneização 142
Hong Kong 105
hooks, bell 149
Human Rights Watch 77
Hungria 54, 65
Hussein, Saddam 140-141

Índice

I

idade mínima para votar 89
identidade nacional 81, 117, **132**
ideologias políticas **40-41**
ideologias raciais 27, 61
Iêmen 122
Igreja, e separação do Estado 21
igualdade
    direitos civis 77
    direitos humanos 76
    racial 34
    social 41
    mulheres 90, **112-113**
    comunismo 46-47
igualdade de gênero 88, 104, 112-113
Iluminismo 21
imigração 67, 116-117, 127, 142, 144
impeachment 83
imperialismo **128-130**, 138
Império Britânico 119, 128, 129, 130, 136
Império Otomano 128
Império Russo 128
impérios **128-129**, 132, 133
imposto 11, 42, 43, 57, 82, 92
imprensa, livre 33, 102
Índia 21, 72, 81, 84, **86-87**, 92, 109, **130**, 133, 139
influência global 129
infraestrutura 137
Inglaterra 16, 17, 76, 93
instituições de caridade 83, 147
insurgência 140
intercâmbio cultural 142, 143
interesse próprio 53
internet 33, 99, 100, 101, 103
Irã 20, 21, 133, 139
Iraque 133
Irlanda 133
Irlanda do Norte 85, 93
Islã 20, 21, 22-3, 89, 101, 117, 118
Islândia 43, 53
Israel 21, 37
Itália 26, 60-61, 85, 133
Iugoslávia 24

J

Japão 133, 136
Jefferson, Thomas 75, 149
Jenkins, Roy 116
João, rei da Inglaterra 16
Jogos Olímpicos Internacionais, Comitê dos 147
Juan Carlos I da Espanha 25
judeus, perseguição dos 61, 63
judiciário 73, 80-81
justiça social 42, 46, 109

K

Kennedy, John F. (JFK) 138
Keynes, John Maynard 51,149
Khomeini, Aiatolá **22-23**, 121
Kim Il-sung 29
Kim Jong-il 29
Kim Jong-un 26, 28,**29**, 101
Kjellén, Rudolf 136
Köhler, Horst 55
Kuwait 140

L

Le Pen, Marine 64, 65
legislatura 73, 80, 81
lei
    aplicação da 80
    criação/mudança 82
    igualdade sob a 77
    regra da 58
Lenin, Vladimir Ilyich Ulyanov 44, 47, 120, 129, 149
liberalismo 41, **50-51**, 83
liberdades
    de escolha 53
    de expressão 26, 101
    de religião 51
    de reunião 105
    democrático 33
    e ideologias políticas 41
    e tipos de governo 15
    imprensa livre 33, 102
    individuais 26, 50, 51, 53, 76, 77
liberdade de expressão 27, 50, 51, 72, 76, 83, **100-101**
libertarismo 51
Líbia 24, 118, 122
Líder Supremo (Irã) 20, 21, 22
Liga das Nações 146
limpeza étnica 61, 144
Lincoln, Abraham 32, 150
Lista de Partido, sistema eleitoral **85**
livre comércio 50-1, 52, 53, 57, 59
lobby 83, 104, 105, 109
lobo solitário 119
Locke, John 50, 76, 150
lucros 52
Luís XIV da França 17
Luís XVI da França 18
luta de classes 27, 44, 46-7
Luxemburgo, Rosa 150

M

Machiavelli, Niccolò 150
Madison, James 92
Magna Carta 16, 76
Mahan, Alfred Thayer 136
Malásia 129
mandato celestial 20
Mandela, Nelson **34-35**, 76, 119
manifestações 104, 105, 121
manifestos 83, 84
manutenção da paz 127, 139, 147
mão invisível 52
Mao Tsé-Tung 47, 49, 120, 150
maoísmo 47, 49
Maomé, o Profeta 20, 101
mar, controle do 136
Marcha do Sal 130
marchas, protesto 99, 104
Maria Antonieta 18
Martin Luther King Jr. 62, 77, 79, 104, 149
Marx, Karl 42, **44-45**, 46-47
marxismo-leninismo 43, 44, 47, 120
matérias-primas 137
Mau Mau 119
Me Too, movimento (#MeToo) 113
Médicos sem Fronteiras (Médecins Sans Frontières) 147
medo, terrorismo e 118
Membros do Parlamento (MPs) 84
meritocracia 31
Merkel, Angela 59, 117
Mianmar 21, 133, **144-145**
mídia **102-103**
controle da 27, 29, 95, 100, 101
mídias sociais 33, 65, 67, 83, 87, 99, 103, 105, 113, 119, 121, 122
migração 116, 117, 127, 142, **144-145**
Milano, Alyssa 113
militarismo 138
Mill, John Stuart 50, 100, 150
minorias étnicas 65, 116, 117, 133
Mises, Ludvig von 52, 56
Modelo nórdico 43
modelo tripartite 73, 80-81
Mohammad Reza Pahlavi, Xá 22, 121
monarquia **16-17**, 22, 58
monarquia absoluta 17, 30
monarquia constitucional 17
monarquia hereditária 16
monetarismo 56
Montesquieu, Barão de 80, 81, 150
movimento Antifa 61
movimento de kibutz 37
Movimento de Liberação das Mulheres 112-113
movimentos de independência 119, 120, 129, 130, 133, 135
muçulmanos sunitas 20, 21
muçulmanos xiitas 20, 21, 22
mudança climática 53, 67, 104, 105, 108, 109, **110-111**, 127, 142, 147
mudança de regime 120-121, 140
mudança, ativismo e 104-105
Mugabe, Robert 25, 95
mulheres
    direitos das 51, 77, 90, 117
    feminismo 112-113
    sufrágio 88, 89, **114-115**
multiculturalismo **116-117**
Muro de Berlim, Queda do 47, **54-55**
Mussolini, Benito 26, 60-61, 150

N

Nacional Socialismo (Nazismo) 26, 27, 61, **62-63**, 101, 102, 132

Índice

nacionalismo 22, 25, 29, 60, 65, 87, 117, 119, 130, **132-133**, 138
nacionalismo hindu 87, 133
nações menos desenvolvidas 109, 113, 143
Nações Unidas (onu) 29, 76, 77, 100, 113, 127, 139, 140, 144, 146, 147
Naidu, Sarojini 130
não cidadãos 89
Nazismo (ver Nacional Socialismo)
negociação de livre mercado 42, 51, 53, **56-57**
negócios 52
neocolonialismo/ neoimperialismo **129**
neofascismo/neonazismo **61**
neoliberalismo 51, 53, 56-57,59.
Noruega 43
Nova Zelândia 85, 88, 101, 112

O

Oakeshott, Michael 58
Obama, Barack 77, 150
objetores de consciência 139
Occupy, movimento 65
ofensivo, ataque 100-101
oligarquia 15, **30-31**
Onze de Setembro 118, 140
Opie, John 90
opinião pública 102, 104
oportunidades, igualdade de 77, 112
opressão 18, 22, 25, 76, 77, 117, 121, 129
Orbán, Viktor 65
ordem social 41
Organização do Tratado do Atlântico Norte (Otan) 147
Organização Mundial de Saúde (oms) 146
organizações de assistência humanitária 144
organizações internacionais **146-147**
organizações não governamentais (ongs) **147**
organizações regionais **147**
Orwell, George 24, 27, 100,150
Owen, Robert 150

P Q

pacifismo **139**
Paine, Thomas 151
País Basco 119, 133
País de Gales 85, 93
Países Baixos 137
Pankhurst, Emmeline, Christabel e Sylvia 114-115
papado 21
Paquistão 139
Parks, Rosa 78, 79
Parlamento 17, 32, 71, 73, 80, 81, 84
partidos de oposição 83
partidos políticos 80, 81, 82-83, 84, 87, 89, 99
patriotismo 58, 132
Pawar, Sharad 82
Péron, Isabel 94
Pérsia, antiga 22, 76
petições 99, 104, 105, 114
petróleo 137
plutocracia 31
pobreza 53, 106, 122, 127
Podemos 64, 65
poder
  abuso de 95
  apreensão de 94
  poder do povo 99
poderes de emergência **95**
poderes, separação de **80-81**
política externa 67, 92, 136
política local 93
política verde **108-109**
política, objetivo da **10-11**
políticas 84
poluição 108, 109, 142
pontos de votação 87
população global 108
populismo 64-65, 67
Portugal 61
povos minoritários, separatismo 133
Praça da Paz Celestial 48-49
pragmatismo 58
presidente 71, 73, 80, 81, 83, 84
Primavera Árabe 121, **122-123**
Primeira Guerra Mundial 26, 60, 63, 88, 146
primeiro-ministro 71, 73, 80, 81
princípio do dano 100
prisão 29, 34, 95, 114, 130, 135
privação de liberdade 89
privatização 59
produtividade 53
propaganda 27, 60, 63, 102
propriedade comum 42, 46, 47
propriedade estatal 42
propriedade privada 41, 43, 46, 52, 59
propriedade pública 43
protesto, direito ao 105
protestos antiguerra 140
protestos anticorrupção 49
protestos estudantis 37, 48-49, 105, 110-111
protestos não violentos 105, 130
protestos pró-democracia 49
Proudhon, Pierre-Joseph 151
Prússia 16
Puigdemont, Carles 134
Putin, Vladimir 133
Quênia 119, 129

R

racismo 104, 130, 132
direitos civis 77, 78-79, 88
radicalização 119
Rawls, John 151
Reagan, Ronald 56, 151
Rebelião da Extinção 37, 105
recessão global 57
recursos
  naturais 53, 127, 136, 137, 138
  uso dos 11
recursos naturais 53, 127, 136, **137**, 138
redes de autoajuda 37
referendos 22, 32, 73, **85**, 133, 135, 143
reforma social 51
refugiados, movimento de 65, 117, 144
regulamentos 11
Reino Unido (UK)
  conservadorismo 59
  constituição 72
  devolução 93
  eleições e sufrágio 84, 88, 114-115
  neofascismo 61
  neoliberalismo 56-57
  populismo 64
  relações internacionais 128, 130, 133, 136, 143
  socialismo democrático 43

reis judeus, antigos 21
relações internacionais **126-127**, 136
religião
  direitos civis 77
  e guerra 138
  e multiculturalismo 117
  e nacionalismo 133
  e perseguição 144
  e relações internacionais 127
  teocracia 20-23
religião do Estado 21
representação local 85
representação proporcional (PR) **85**
repressão política 27, 49, 121, 122
República Romana 24, 81
repúblicas 17, 18, 22-3, 74
resíduos plásticos 108, 109
responsabilidade 73, 81, 83
  governo 80
  indivíduo 57, 58
reunião, liberdade de 105
revolução 17, 18-19, 22-3, 37, 43, 44, 51, 59, 94, 106, **120-121**, 133
Revolução Americana 17, 51, 88, 120
Revolução Cubana **106**
Revolução Cultural 49
Revolução de Veludo 121
Revolução Francesa 17, **18-19**, 51, 59, 88, 90, 100, 120
Revolução Industrial 42, 111
Revolução Iraniana **22-23**, 121
Revolução Russa 37, 43, 47
rios 137
riqueza
  capitalismo 53
  desigualdade 57, 106
  distribuição igual de 42
  e poder 30-31
Robertson, Robert 142
Robespierre, Maximilien 18
Rohingya, povo 21, **144-145**
Roma 61
Rota da Seda 137
Rousseau, Jean-Jacques 84, 151
Ruanda 137
Rubin, Dave 50
Rússia 21, 31, 47, 92, 103, 129, 133, 137

S

Said, Edward, 151
salários 52, 53
Salazar, António de Oliveira 61
Sanders, Bernie 43
secularismo **21**
segregação 34
Segunda Guerra Mundial 29, 54, 63, 76, 133, 138, 146
segurança nacional 101, 119
Semana Global para o Futuro 111
separação de poderes **80-81**
separatismo 119, **133-135**
serviços de segurança 119
serviços públicos 42, 43
serviços, prestação de 11
Sharia, lei 89
Shelley, Mary 90
sindicatos 43, 83, 84
sindicatos supranacionais 143
Singapura 117
Síria 65, 117, 122, 133
sistema de apartheid 34, 89, 119
sistema de castas 87, 130
sistema jurídico 80, 71
sistema majoritário 84
sistemas eleitorais 84-85
sistemas multipartidários 83
Smith, Adam 50-51, 52-53, 151
soberania 73, 129, 143
sociais-democratas **43**

socialismo 29, 41, **42-43**, 44, 46, 47, 50, 83, 106
socialismo revolucionário **43**
sociedade
democracia e permissão de 71
organização de 41
sociedade hierárquica 41, 58, 88
sociedade sem classes 46, 47
sociedades patriarcais 77, 89, 113
Sri Lanka 133
Stalin, Joseph 26, 151
Steinem, Gloria 112
Suécia 43, 53, 109, 111
suffragettes **114-115**
sufrágio 33, **88-89**, 90, 112, **114-115**
sufrágio universal 33, **88-89**
Suíça 32, 85
supremacismo branco 119
supressão do voto 87, **89**

T

Tailândia 133
Tchecoslováquia 121
tecnologia 127, 143
teocracia **20-23**
terceirização 143
Terror, período do 18
terrorismo 95, 101, 118-119
terrorismo estatal 118
Thatcher, Margaret 56, 57, 151
Tomás de Aquino 20
Thunberg, Greta 109, 110, 111

tirania 17
Tito, Josef 24
Tocqueville, Alexis de 151
tolerância 116, 117
tomada de decisão 11, 15, 71, 84, 85
Torá 20
totalitarismo **26-29**, 138
trabalhadores
controlados pelos 42, 57
exploração dos 44
trabalho humanitário 147
Tratado de Não Proliferação 138-139
trollagem 100
Trotski, Leon 151
Trudeau, Pierre Elliott 116-117
Truman, Harry S. 146
Trump, Donald 29, 64, **66-67**
Tuchman, Barbara 94
Tunísia 121, 122
Turquia 25, 133, 137

U

Ucrânia 133
Uganda 137
União Africana (UA) 147
União Europeia (UE) 32, 64, 85, 93, 129, 143, 147
União Política e Social Feminina (WSPU) 114
União Soviética 26, 27, 29, 31, 44, 47, 54, 105, 106, 120, 121, 129, 133
utopia 42

V

Vaticano 21
Veneza 30
Venezuela 25, 65
vergonha do corpo 113
viajar, proibição de 95
Vietnã 47, 129
vigilância 27
violência 94, 118-119, 120-121
violência doméstica 113
voto de não confiança 83
Voto Único Transferível, sistema de 85

W

Walpole, Horace 90
Washington, George 74-75,151
Weber, Max 151
Wollstonecraft, Mary **90-91**
Wu'er Kaixi 48

X Z

xenofobia 132
Zimbábue 25, 95

AGRADECIMENTOS

A Dorling Kindersley gostaria de agradecer a Steve Crozier pelo retoque criativo, a Louise Stevenson pela assistência editorial, a Caroline Stamps pela revisão de provas e a Helen Peters pelo índice.

A editora gostaria de agradecer aos fotógrafos e agências a seguir pela gentil permissão para reproduzir suas fotografias:

(Símbolos: a-acima; b-abaixo; c-centro; e-esquerda; d-direita; t-topo)

12-13 Alamy Stock Photo: PNC Collection. **18-19** Getty Images: Heritage Images. **22-23** Getty Images: Alain Dejean. **28-29** Alamy Stock Photo: dpa picture alliance. **34** Getty Images: Media24 / Gallo Images (t). **35** Alamy Stock Photo: Oistein Thomassen. **38** Alamy Stock Photo: Zoonar GmbH. **44** Alamy Stock Photo: Shawshots (t). **45** Alamy Stock Photo: Photo 12. **48-49** Getty Images: Bettmann. **54-55** Getty Images: Tom Stoddart Archive. **62-63** Getty Images: Print Collector. **66-67** Getty Images: NurPhoto. **68-69** Getty Images: Ulrich Baumgarten. **74-75** Alamy Stock Photo: WDC Photos. **78-79** Getty Images: Don Cravens. **86-87** Shutterstock: Jaipal Singh / EPA-EFE. **90** Alamy Stock Photo: GL Archive (t). **91** Alamy Stock Photo: Niday Picture Library. **96-97** Getty Images: SOPA Images. **106** Getty Images: AFP (t). **107** Alamy Stock Photo: Alpha Historica. **110-111** Getty Images: Sergei Supinsky. **114-115** Getty Images: Jimmy Sime. **122-123** Getty Images: Jonathan Rashad. **124** Getty Images: bjdlzx. **130** Getty Images: (t). **131** Getty Images: Dinodia Photos. **134-135** Getty Images: Lluis Gene. **140-141** Getty Images: Robert Nickelsberg. **144-145** Getty Images: Fred Dufour.

Todas as outras imagens © Dorling Kindersley
Para maiores informações, visite: **www.dkimages.com**